DOCÊNCIA em FORMAÇÃO
Ensino Fundamental

Coordenação:
Antônio Joaquim Severino
Selma Garrido Pimenta

© 2002 by Marcos Antônio Lorieri

© Direitos de publicação
CORTEZ EDITORA
Rua Bartira, 317 – Perdizes
05009-000 – São Paulo – SP
Tel.: (11) 3864-0111 Fax: (11) 3864-4290
cortez@cortezeditora.com.br
www.cortezeditora.com.br

Direção
José Xavier Cortez

Editor
Amir Piedade

Preparação
J. Alves

Revisão
Alexandre Soares Santata
Camila Campos

Edição de Arte
Mauricio Rindeika Seolin

Papéis da capa
Atelier Luiz Fernando Machado

Dados Internacionais de Catalogação na Publicação (CIP)
(Câmara Brasileira do Livro, SP, Brasil)

Lorieri, Marcos Antônio
    Filosofia no ensino fundamental / Marcos Antônio Lorieri. — São Paulo: Cortez, 2002. — (Coleção Docência em Formação)

ISBN 85-249-0856-4

1. Filosofia (Ensino fundamental) I. Título.

02-2089   CDD-372.8

Índices para catálogo sistemático:
1. Filosofia: Ensino fundamental   372.8

Impresso no Brasil – maio de 2002

MARCOS ANTÔNIO LORIERI

Filosofia
no ensino fundamental

*Este livro é uma homenagem a Matthew Lipman,
com quem aprendi a pensar na possibilidade
da iniciação filosófica de crianças, e às muitas crianças e jovens
com quem pude trabalhar as idéias que, de alguma maneira,
estão aqui expostas. Sou grato a ambos.*

Sumário

	Aos professores 9
	Apresentação da coleção 11
	Introdução 21
Capítulo I	Conversando sobre educação escolar 25
Capítulo II	Conversando sobre Filosofia no ensino fundamental 31

    1. A Filosofia na vida das pessoas 33
    2. Crianças e jovens e a Filosofia 41
    3. Iniciação filosófica de crianças e jovens e seu preparo para o exercício consciente da cidadania 43
    4. Necessidade da Filosofia para as demais disciplinas do currículo 45
    5. Objetivos pretendidos com Filosofia no ensino fundamental 46

Capítulo III   Conteúdos no trabalho de ensino da Filosofia 49
    1. Considerações iniciais 51
    2. Conteúdos e conceitos que podem ser trabalhados no ensino fundamental ... 58

Capítulo IV   Trabalhando com Filososfia no ensino fundamental 69
    1. Contextos bem planejados 71
    2. Temáticas filosóficas 74
    3. Diálogo investigativo 75
    4. Aprendendo por aproximações sucessivas 85

        5. Desenvolver o "pensar por si próprio" 92
        6. Desenvolvendo habilidades
           básicas de pensamento 100
        7. "Intervenção" educacional devida 124

Capítulo V   PROPONDO OU SUGERINDO MANEIRAS DE TRABALHAR NAS AULAS DE FILOSOFIA 129

Capítulo VI   PROPOSTAS DE PROJETOS INTERDISCIPLINARES 171

Capítulo VII   ESTÁGIO E PRÁTICAS 195

Capítulo VIII   ENSINO FUNDAMENTAL E FILOSOFIA: JÁ HÁ UMA HISTÓRIA . 205
        1. Programa de Filosofia para Crianças de
           Matthew Lipman 207
        2. Filosofia no ensino fundamental: Centro
           de Filosofia Educação para o Pensar 216
        3. Projeto Filosofia na Escola 217
        4. Pesquisas sobre o ensino de Filosofia no
           ensino fundamental 218
        5. Outras obras sobre o ensino de
           Filosofia no ensino fundamental 220

    APÊNDICE 223

    BIBLIOGRAFIA GERAL 230

AOS PROFESSORES

A Cortez Editora tem a satisfação de trazer ao público brasileiro, particularmente aos estudantes e profissionais da área educacional, a Coleção Docência em Formação, destinada a subsidiar a formação inicial de professores e a formação contínua daqueles que se encontram no exercício da docência.

Resultado de reflexões, pesquisas e experiências de vários professores especialistas de todo o Brasil, a coleção propõe uma integração entre a produção acadêmica e o trabalho nas escolas. Configura um projeto inédito no mercado editorial brasileiro por abarcar a formação de professores para todos os níveis de escolaridade: educação básica (incluindo a educação infantil, o ensino fundamental e o ensino médio) e a educação superior; a educação de jovens e adultos e a educação profissional. Completa essa formação com as problemáticas transversais e com os saberes pedagógicos.

Com 25 anos de experiência e reconhecimento, a Cortez é uma referência no Brasil, nos demais países latino-americanos e em Portugal pela coerência de sua linha editorial e atualidade dos temas que publica, especialmente na área da educação, entre outras. É com orgulho e satisfação que lançamos esta coleção, pois estamos convencidos de que representa novo e valioso impulso e colaboração ao pensamento pedagógico e à valorização do trabalho dos professores na direção de uma melhoria da qualidade social da escolaridade.

José Xavier Cortez
Diretor

APRESENTAÇÃO DA COLEÇÃO

A **Coleção Docência em Formação** tem por objetivo oferecer aos professores em processo de formação, e aos que já atuam como profissionais da educação, subsídios formativos que levem em conta as novas diretrizes curriculares, buscando atender, de modo criativo e crítico, às transformações introduzidas no sistema nacional de ensino pela Lei de Diretrizes e Bases da Educação Nacional de 1996. Sem desconhecer a importância desse documento como referência legal, a proposta desta coleção identifica seus avanços e seus recuos e assume como compromisso maior buscar uma efetiva interferência na realidade educacional por meio do processo de ensino e de aprendizagem, núcleo básico do trabalho docente social. Seu propósito é, pois, fornecer aos docentes e alunos das diversas modalidades dos cursos de formação de professores e aos docentes em exercício textos de referência para sua preparação científica, técnica e pedagógica. Esses textos contêm subsídios formativos relacionados ao campo dos saberes pedagógicos, bem como ao dos saberes ligados aos conhecimentos especializados das áreas de formação profissional.

A proposta da coleção parte de uma concepção orgânica e intencionada da educação e da formação de seus profissionais, tendo bem claro que professores se pretende formar para atuarem no contexto da sociedade brasileira contemporânea, marcada por determinações históricas específicas.

Como bem o mostram estudos e pesquisas recentes na área, os professores são profissionais essenciais nos processos de mudança das sociedades. Se forem deixados à margem, as decisões pedagógicas e curriculares alheias, por mais interessantes que possam parecer, não

Trata-se da Lei n°. 9394, de 20 de dezembro de 1996, Lei de Diretrizes e Bases da Educação Nacional (LDB). Essa lei aplica ao campo da educação os dispositivos constitucionais, constituindo, assim, a referência fundamental da organização do sistema educacional do país.

Os professores exercem papel imprescindível e insubstituível no processo de mudança social.

se efetivam, não geram efeitos sobre a sociedade. Por isso é preciso investir na formação e no desenvolvimento profissional dos professores.

Na sociedade contemporânea, as rápidas transformações no mundo do trabalho, o avanço tecnológico configurando a sociedade virtual e os meios de informação e comunicação incidem fortemente na escola, aumentando os desafios para torná-la uma conquista democrática efetiva. Transformar práticas e culturas tradicionais e burocráticas das escolas que, por meio da retenção e da evasão, acentuam a exclusão social, não é tarefa simples nem para poucos. O desafio é educar as crianças e os jovens, propiciando-lhes um desenvolvimento humano, cultural, científico e tecnológico, de modo que adquiram condições para enfrentar as exigências do mundo contemporâneo. Tal objetivo exige esforço constante de diretores, professores, funcionários e pais de alunos e de sindicatos, governantes e outros grupos sociais organizados.

Não ignoramos que esse desafio precisa ser prioritariamente enfrentado pelas políticas de governo. Todavia, os professores são profissionais essenciais na construção dessa nova escola. Nos anos 1980-90, diferentes países realizaram grandes investimentos na área da formação e desenvolvimento profissional de professores para essa finalidade. Os professores contribuem com seus saberes, seus valores, suas experiências nessa complexa tarefa de melhorar a qualidade social da escolarização.

Entendendo que a democratização do ensino passa pelos professores, por sua formação, por sua valorização profissional e por suas condições de trabalho, pesquisadores têm defendido a importância do investimento no seu desenvolvimento profissional.

As escolas precisam passar por profundas transformações em suas práticas e culturas para enfrentarem os desafios do mundo contemporâneo.

Na complexa tarefa de aprimoramento da qualidade do trabalho escolar, os professores contribuem com seus saberes, seus valores e suas experiências.

Esse processo de valorização envolve formação inicial e continuada, articulada, identitária e profissional. Essa formação identitária é epistemológica, ou seja, reconhece a docência como um campo de conhecimentos específicos configurados em quatro grandes conjuntos, a saber: 1) conteúdos das diversas áreas do saber e do ensino, ou seja, das ciências humanas e naturais, da cultura e das artes; 2) conteúdos didático-pedagógicos, diretamente relacionados ao campo da prática profissional; 3) conteúdos ligados a saberes pedagógicos mais amplos do campo teórico da prática educacional; 4) conteúdos ligados à explicitação do sentido da existência humana individual, com sensibilidade pessoal e social. E essa formação identitária é também profissional, ou seja, a docência constitui um campo específico de intervenção profissional na prática social.

> A formação docente é um processo permanente e envolve a valorização identitária e profissional dos professores.

O desenvolvimento profissional dos professores é objetivo de propostas educacionais que valorizam a sua formação não mais baseada na racionalidade técnica, que os considera meros executores de decisões alheias, mas em uma perspectiva que reconhece sua capacidade de decidir. Ao confrontar suas ações cotidianas com as produções teóricas, é necessário rever as práticas e as teorias que as informam, pesquisar a prática e produzir novos conhecimentos para a teoria e a prática de ensinar. Assim, as transformações das práticas docentes só se efetivarão se o professor ampliar sua consciência sobre a própria prática, a de sala de aula e a da escola como um todo, o que pressupõe os conhecimentos teóricos e críticos sobre a realidade. Tais propostas enfatizam que os professores colaboram para transformar a gestão, os currículos, a organização, os projetos educacionais e as formas

> A identidade do professor é simultaneamente epistemológica e profissional, realizando-se no campo teórico do conhecimento e no âmbito da prática social.

> A transformação da prática do professor decorre da ampliação de sua consciência crítica sobre essa mesma prática.

de trabalho pedagógico das escolas. Assim, reformas produzidas nas instituições sem tomar os professores como parceiros/autores não transformam a qualidade social da escola. Em conseqüência, valorizar o trabalho docente significa dar aos professores condições para analisarem e compreenderem os contextos histórico, social, cultural, organizacional que fazem parte de sua atividade docente.

Na sociedade brasileira contemporânea novas exigências são acrescentadas ao trabalho dos professores. Com o colapso das velhas certezas morais, cobra-se deles que cumpram funções da família e de outras instâncias sociais; que respondam à necessidade de afeto dos alunos; que resolvam os problemas da violência, da droga e da indisciplina; que preparem melhor os alunos para as áreas de matemática, de ciências e tecnologia para colocá-los em melhores condições de enfrentar a competitividade; que restaurem a importância dos conhecimentos e a perda da credibilidade das certezas científicas; que sejam os regeneradores das culturas/identidades perdidas com as desigualdades/diferenças culturais; que gerenciem as escolas com parcimônia; que trabalhem coletivamente em escolas com horários cada vez mais reduzidos. Em que pese a importância dessas demandas, não se pode exigir que os professores individualmente as atendam. Espera-se, pois, que, coletivamente, apontem caminhos para o enfrentamento dessas exigências.

É nesse contexto complexo que se faz necessário ressignificar a identidade do professor. O ensino, atividade característica dele, é uma prática social complexa, carregada de conflitos de valor e que exige posturas éticas e políticas. Ser professor requer saberes e conhecimentos

> Têm-se cobrado dos professores responsabilidades que ultrapassam suas atribuições no plano individual. Cabe-lhes, sim, apontar coletivamente caminhos institucionais para enfrentar essas novas demandas.

científicos, pedagógicos, educacionais, sensibilidade, indagação teórica e criatividade para encarar as situações ambíguas, incertas, conflituosas e, por vezes, violentas, presentes nos contextos escolares e não escolares. É da natureza da atividade docente proceder à mediação reflexiva e crítica entre as transformações sociais concretas e a formação humana dos alunos, questionando os modos de pensar, sentir, agir e de produzir e distribuir conhecimentos.

Problematizando e analisando as situações da prática social de ensinar, o professor utiliza o conhecimento elaborado das ciências, das artes, da filosofia, da pedagogia e das ciências da educação como ferramenta para a compreensão e a proposição do real.

Esta coleção investe na valorização da capacidade de decisão dos professores. Assim, discutir os temas que permeiam o cotidiano das atividades escolares como projeto pedagógico, autonomia, identidade e profissionalismo dos professores, violência, cultura, religiosidade, importância do conhecimento e da informação na sociedade contemporânea, a ação coletiva e interdisciplinar, as questões de gênero, o papel do sindicato na formação, entre outros, articulados aos contextos institucionais, às políticas públicas e confrontados com experiências de outros contextos escolares e com teorias é o caminho que esta coleção propõe.

Os livros que a compõem apresentam um tratamento teórico-metodológico relacionado a três premissas: 1. Há estreita vinculação entre os conteúdos científicos e pedagógicos. 2. Produz-se conhecimento de forma construtiva. 3. Existe estrita ligação entre teoria e prática.

> Para enfrentar os desafios das situações de ensino, o profissional da educação precisa da competência do conhecimento, de sensibilidade ética e de consciência política.

> Valorizar o trabalho docente implica dar aos professores condições para análise crítica do contexto em que se realiza sua prática educativa.

> O caminho proposto por esta coleção é o da discussão dos temas do cotidiano escolar, ligados aos contextos institucionais e às políticas públicas e confrontados com as teorias e a experiência.

Assim, de um lado, é preciso considerar que a atividade profissional de todo professor possui uma natureza pedagógica, isto é, vincula-se a objetivos educativos de formação humana e a processos metodológicos e organizacionais de transmissão e apropriação de saberes e modos de ação. O trabalho docente está impregnado de intencionalidade, pois visa à formação humana por meio de conteúdos e habilidades, de pensamento e ação, o que implica escolhas, valores, compromissos éticos. Isso significa introduzir objetivos de natureza conceitual, procedimental e valorativa, em relação aos conteúdos da matéria que ensina; transformar o saber científico ou tecnológico em conteúdos formativos; selecionar e organizar conteúdos de acordo com critérios lógicos e psicológicos, em função das características dos alunos e das finalidades do ensino; utilizar métodos e procedimentos de ensino específicos, inserindo-os em uma estrutura organizacional em que participe de decisões e ações coletivas. Por isso, para ensinar, o professor necessita de conhecimentos e práticas que ultrapassem o campo de sua especialidade.

De outro lado, é preciso levar em conta que todo conteúdo de saber é resultado de um processo de construção de conhecimento. Por isso, dominar conhecimentos não quer dizer apenas apropriação de dados objetivos pré-elaborados, produtos prontos do saber acumulado. Mais do que dominar os produtos, interessa aos alunos compreender que estes são resultantes de um processo de investigação humana. Assim trabalhar o conhecimento no processo formativo dos alunos significa proceder à mediação entre os significados do saber no mundo atual e aqueles dos contextos nos quais foram produzidos. Significa explicitar os nexos entre a atividade de pesquisa e seus resultados, portanto

A atividade pedagógica tem estreita vinculação com os objetivos educacionais, com os processos metodológicos e organizacionais da apropriação e da transmissão do saber e do agir.

Os conteúdos do saber decorrem intrinsecamente de um processo de construção do conhecimento; não são produtos acumulados.

instrumentalizar os alunos no próprio processo de pesquisar.

Na formação de professores, os currículos devem considerar a pesquisa como princípio cognitivo, investigando com os alunos a realidade escolar, desenvolvendo neles essa atitude investigativa em suas atividades profissionais e assim tornando a pesquisa também princípio formativo na docência.

Além disso, é no âmbito do processo educativo que mais íntima se afirma a relação entre a teoria e a prática. Essencialmente, a educação é uma prática, mas uma prática intencionada pela teoria. Disso decorre atribuirmos importância ao estágio no processo de formação do professor. Entendendo que ele faz parte de todas as disciplinas, percorrendo o processo formativo desde o início, os livros desta coleção sugerem várias modalidades de articulação direta com as escolas e demais instâncias, nas quais os professores atuarão, apresentando formas de estudo, análise e problematização dos saberes nelas praticados. O estágio também pode servir de espaço de projetos interdisciplinares, ampliando a compreensão e o conhecimento da realidade profissional de ensinar. As experiências docentes dos alunos que já atuam no magistério, como também daqueles que participam da formação continuada, devem ser valorizadas como referências importantes para serem discutidas e refletidas nas aulas.

Considerando que a relação entre as instituições formadoras e as escolas pode representar a continuidade da formação para os professores das escolas, assim como para os formadores, os livros sugerem a realização de projetos conjuntos. Essa relação poderá propiciar ao aluno em formação oportunidade para rever e aprimorar sua escolha pelo magistério.

A construção do conhecimento se dá através da prática da pesquisa. Ensinar e aprender só ocorrem significativamente quando decorrem de uma postura investigativa de trabalho.

No processo educativo, teoria e prática se associam e a educação é sempre prática intencionalizada pela teoria.

O estágio e as experiências docentes acumuladas assumem papel relevante na formação do professor.

Formar o profissional da educação exige um investimento competente e crítico nas esferas do conhecimento, da ética e da política.

APRESENTAÇÃO DA COLEÇÃO

Para subsidiar a formação inicial e continuada dos professores onde quer que se realize, nas faculdades isoladas, nos centros universitários e no ensino médio, esta coleção está assim estruturada:

Educação Infantil
profissionais de creche e pré-escola

Ensino Fundamental
professores da 1ª à 4ª série e da 5ª à 8ª série

Ensino Médio
professores do ensino médio

Ensino Superior
professores do ensino superior

Educação Profissional
professores do ensino profissional

Educação de Jovens e Adultos
professores de jovens e adultos em cursos especiais

Saberes Pedagógicos e Formação de Professores

Problemáticas Transversais e Formação de Professores

Em síntese, a elaboração dos livros desta coleção baseia-se nos seguintes pontos:

• Investir no conceito de desenvolvimento profissional, superando a visão dicotômica de formação inicial e de formação continuada.

• Investir em sólida formação teórica nos campos que constituem os saberes da docência.

• Considerar a formação voltada para o profissionalismo docente e para a construção da identidade de professor.

Investir em uma concepção orgânica de formação dos professores mediante um tratamento metodológico que vincula os campos dos saberes da docência: o propósito dos livros desta coleção.

18

• Tomar a pesquisa como componente essencial da/na formação.

• Considerar a prática social concreta da educação como objeto de reflexão/formação ao longo do processo formativo.

• Assumir a visão de totalidade do processo escolar/educacional em sua inserção no contexto sociocultural.

• Valorizar a docência como atividade intelectual, crítica e reflexiva.

• Considerar a ética como fundamental à formação e à atuação docente.

Antônio Joaquim Severino
Selma Garrido Pimenta
coordenadores

Introdução

Introdução

*Este livro é uma proposta de trabalho que denominamos de "Ensino de Filosofia no ensino fundamental", mas que, na verdade, é uma proposta de iniciação filosófica de crianças e jovens a ser começada no ensino fundamental.
É um livro destinado a alunos de cursos superiores de Filosofia que se preparam para o magistério nessa área. Destina-se, também, aos professores já formados.*

Este volume integra a Coleção Docência em Formação da Cortez Editora, que se destina a "fornecer aos docentes e alunos das diversas modalidades dos cursos de formação de professores textos de referência para sua preparação filosófica, científica, técnica e pedagógica, tanto daqueles que se encontram em fase de formação, como daqueles que já exercem a docência. Esses textos conterão subsídios formativos relacionados ao campo dos saberes pedagógicos, bem como ao campo dos saberes ligados aos conhecimentos especializados das áreas de formação profissional". [Texto do projeto da Coleção.]

O autor espera oferecer um subsídio que incentive os alunos dos cursos de Filosofia e seus professores, bem como os docentes já formados nessa área, a considerar a pertinência e a necessidade da iniciação filosófica de crianças e jovens. Não só isso: que este pequeno livro seja, também, um bom subsídio para o desenvolvimento desse trabalho educacional, hoje, mais do que nunca, necessário. Nossas crianças e nossos jovens precisam ser convidados a pensar mais sistematicamente nos grandes temas relativos à existência humana e ao nosso mundo: fazemos parte de sociedades que têm referências, para nossas vidas, muito bem elaboradas, pertinentes a esses grandes temas. Entretanto, não somos sequer convidados a debater tais referências. Há que provocar a curiosidade das crianças e jovens e convidá-los a participar da análise dessas referências e, em seguida, a participar de sua elaboração e, se for o caso, de sua reelaboração. Já não podemos aceitar ser apenas espectadores passivos do acontecer da História: as grandes referências sempre tiveram, têm e terão grande peso na constituição dessa História. Temos necessidade e, por isso mesmo, direito de participar de sua elaboração: o começo dela se dá na educação das crianças e jovens.

Que esses subsídios sejam objeto de análises críticas possibilitadoras de sua melhoria e mais que isso: sejam incentivadores de outras produções nessa direção. É o que esperamos.

Capítulo I

Conversando sobre educação escolar

Conversando sobre educação escolar

Educação, em sentido amplo, é o conjunto de modificações que ocorre em qualquer pessoa, com base nas relações que estabelece com outras pessoas.
Tais relações são sempre mútuas, recíprocas. Talvez não seja possível sair de qualquer inter-relação humana sem nenhuma modificação. Por isso, pode-se afirmar que todas as pessoas educam todas as pessoas.

Os seres humanos relacionam-se, também, com outros seres da realidade, que não seres humanos: essas relações, por sua vez, são modificadoras dos seres humanos e, portanto, em certo sentido, educadoras.

Educação, em sentido estrito, é o conjunto de modificações intencionalmente provocadas, ao menos por um dos lados, para que ocorram nas relações de pessoas entre si. Ocorre educação se as modificações (as intencionais ou não) forem produzidas de fato. Se as intencionais forem produzidas, ocorre educação intencional.

A educação escolar é um exemplo claro de educação no sentido estrito, uma vez que as relações estabelecidas entre os educadores profissionais e os educandos visam provocar modificações intencionais, em que pese o fato de ocorrerem aí modificações não visadas intencionalmente.

As modificações intencionais buscadas na educação escolar têm variado em relação às épocas, às culturas e a outros fatores.

Parece que uma das modificações intencionais que permanecem como alvo constante é a que diz respeito à internalização de certos saberes: provocam-se intencionalmente os educandos para que internalizem certos conteúdos de saberes que eles não possuem ou que os educadores julgam que eles não possuem. Trata-se de uma *modificação do não saber para o saber*.

Tudo indica, também, ser permanente em todas as instituições educacionais escolares a *busca intencional de modificações nas condutas ou nas atitudes* dos educandos. Busca-se, intencionalmente, que passem a agir de certa forma ou se busca consolidar formas de agir já assumidas com base em outras inter-relações ou, ainda, procura-se extirpar algumas formas de agir consideradas não boas ou inadequadas pela intencionalidade da escola.

Há uma busca nova de modificações presente no discurso e nas práticas de muitas escolas. Trata-se de provocar, nos educandos, o domínio de procedimentos que facilitem a produção, por eles mesmos, de novos conhecimentos. Afirma-se que os educandos necessitam *aprender a aprender ou aprender a pensar por si próprios*. Alguns chamam isso de aprendizagem ou desenvolvimento da autonomia intelectual.

Há, também, a busca (ainda tímida, mas proposta) da *modificação da heteronomia moral para a autonomia moral*: pretende-se, ou diz-se que se pretende, que crianças e jovens aprendam a decidir, por si próprios, como agir, com base em um entendimento, por si próprios, do por que agir de um modo e não de outro.

Há, ainda, outra busca de modificações desejadas com base na "intervenção" educacional escolar. Trata-se de provocar, nos educandos, *o saber lidar adequada-*

mente com as emoções. Isso inclui saber utilizar estes "móveis" da ação humana (moção é movimento, e "e-moção" quer significar movimento ou móvel em direção a) em favor da própria realização e inclui, também, saber controlar essa movimentação psíquica. Isso tem a ver com a ajuda educacional (intencional, portanto) na direção do desenvolvimento criterioso da auto-estima alta. As pessoas precisam estar bem consigo próprias, mas com bases sólidas para esse estar bem.

Se admitimos o que acima foi dito, é possível tentar uma definição de educação escolar nos seguintes termos:

Educação escolar é um processo educacional intencional que visa — por parte dos educadores escolares, mediante as relações que estabelecem com os educandos —, ao menos, às seguintes modificações neles: do não saber certos conteúdos para o saber desses mesmos conteúdos; do agir de certa maneira (ou mesmo de um não agir) para outra forma de agir; de uma forma de proceder para aprender para outra forma de proceder no processo de produção de conhecimentos; de uma forma de acatar regras de conduta para uma forma "decisória autônoma" relativa a essas mesmas regras de conduta; de uma forma de lidar com as emoções para outra forma que proporcione justa auto-estima alta.

Por ser um processo educacional intencional, envolve escolhas por parte dos educadores: daí o fato de a educação escolar não ser nunca neutra e ser, portanto, política. Ela é uma forma de intervenção intencional na maneira de funcionar a sociedade. O educador escolar deve ter claras, para si, suas intencionalidades; portanto, o seu projeto político.

Capítulo II

CONVERSANDO SOBRE FILOSOFIA NO ENSINO FUNDAMENTAL

Conversando sobre filosofia no ensino fundamental

Esta é uma conversa com alunos de cursos de Filosofia e com professores de Filosofia que, tradicionalmente, são preparados para o ensino da Filosofia no ensino médio. Há, hoje, uma demanda de professores para trabalharem com Filosofia no ensino fundamental, no segmento da 5ª à 8ª séries e, também, no segmento da 1ª à 4ª séries. Um histórico do surgimento e do desenvolvimento dessa demanda é apresentado no Capítulo IX. O propósito deste Capítulo II é o de pensar sobre a possibilidade e legitimidade de algum trabalho filosófico-educacional nesse momento da educação básica escolar.

1. A Filosofia na vida das pessoas

Iniciemos nossa conversa tentando dizer, para nós mesmos, o que tem sido a Filosofia na história das práticas humanas. Com certeza ela é uma das formas de saber e de conhecimento que os seres humanos produzem para tentar explicar a realidade da qual fazem parte e a si mesmos, nessa realidade.

São várias as formas de conhecimento: o mito; a religião; a arte; o senso comum; a ciência; a filosofia. Às vezes, temos dificuldade em caracterizar bem cada uma delas e, principalmente, em vê-las como formas de conhecimento que, juntas, podem ajudar-nos no grande esforço de entendimento de nós mesmos e da realidade e nos esforços de bem orientar nossa forma de ser nessa mesma realidade.

Sabemos, é claro, que precisamos estar atentamente vigilantes em relação a cada uma dessas formas de conhecimento porque podemos nos enganar na sua utilização: quer no processo de produção de conhecimentos, quer no seu uso. Edgar Morin nos alerta para isso:

> *O conhecimento não é um espelho das coisas ou do mundo externo. Todas as percepções são, ao mesmo tempo, traduções e reconstruções cerebrais com base em estímulos ou sinais captados e codificados pelos sentidos. Daí resultam, sabemos bem, os inúmeros erros de percepção que nos vêm de nosso sentido mais confiável, a visão. Ao erro de percepção acrescenta-se o erro intelectual. O conhecimento, sob forma de palavra, de idéia, de teoria, é o fruto de uma tradução/reconstrução por meio da linguagem e do pensamento e, por conseguinte, está sujeito ao erro. Este conhecimento, ao mesmo tempo tradução e reconstrução, comporta a interpretação, o que introduz o risco do erro na subjetividade do conhecedor, de sua visão de mundo e de seus princípios de conhecimento. Daí os numerosos erros de concepção e de idéias que sobrevêm a despeito de nossos controles racionais* (Morin, 2000, p. 20).

Pois bem, a Filosofia é uma das formas de conhecimento. Mas o que a caracteriza como igual e, principalmente, como diferente das demais?

Talvez possamos dizer que a Filosofia é igual às outras formas de conhecimento, porque ela é um conjunto de procedimentos da consciência humana que, ordenados de certa forma, procuram produzir respostas, o mais garantidas possível, para questões com as quais os seres humanos se deparam em suas vidas ou para questões que eles se fazem quando se põem a pensar mais atentamente.

E, talvez, possamos dizer que a Filosofia é diferente das demais formas de conhecimento, porque ela trabalha principalmente e prioritariamente sobre *certas questões*, utilizando *uma maneira própria de abordálas*, tendo em vista produção de *respostas* que nunca se fecham, porque são continuamente questionadas.

Certas questões. Há questões que nos fazemos que pedem algo mais que constatações, descrições, explanações, quantificações, causas próximas. Elas nos pedem posicionamentos amplos e, ao mesmo tempo, significativos, de tal forma que nos ofereçam sentidos, quer como grandes explicações, quer como rumos de vida ou direções. Podemos chamar esses posicionamentos de referências, de princípios, de significações.

Nós os queremos bem argumentados e, por isso, com plausibilidade de ser bons explicadores, referenciadores e orientadores de nossas existências. Mas, ao mesmo tempo, sabemos que eles não são absolutamente garantidos como verdadeiros. Daí uma busca contínua em torno deles, com constante reposição e retomada das questões de certa maneira. A esse movimento desafiador e instigante chamamos investigação filosófica.

É uma necessidade, profundamente humana, não apenas estarmos enredados com essas/nessas questões, mas também atentos e examinativos em relação às "respostas" que lhes são dadas no ambiente cultural de que sempre fazemos parte. Algumas dessas "respostas" acabam tornando-se princípios que pautam a forma de condução de determinadas sociedades e, muitas vezes, de toda uma época, para determinadas formações sociais. Não que elas venham antes de essas sociedades se formarem: são produzidas e, de alguma

35

forma, mantidas no próprio processo de constituição e de manutenção. Elas, as "respostas", tornam-se princípios orientadores, ou referências, ligadas, sempre, a determinados interesses que podem não ser os de todos.

É necessário suscitar, muitas vezes, essas questões como que para melhorá-las, reelaborando-as de forma mais clara. Temos necessidade de respostas sempre revisitadas e revistas, como fazemos com as próprias questões. É preciso saber examinar, com atenção especial, as respostas que sempre aparecem, vindas de diversas fontes e — isso é importante — carregadas de interesses.

No Capítulo III abordaremos várias dessas questões: elas constituem os conteúdos privilegiados de estudo da Filosofia, caracterizando-a de certa forma. Vale, porém, adiantar:

> As grandes interrogações que os filósofos do passado fizeram permanecem no presente: os homens de hoje continuam a se colocar problemas sobre eles mesmos, sobre a vida, sobre a sociedade, sobre a cultura, sobre o transcendente, etc., que constituem verdadeiros desafios à nossa atividade reflexiva (Japiassu, 1997, p. 104).

Maneira própria de abordar as questões. A Filosofia caracteriza-se e, portanto, diferencia-se das demais formas de conhecimento, também pelo método e pelos procedimentos que utiliza para buscar as respostas. Podemos dizer que *fazer filosofia é realizar um processo investigativo reflexivo que seja crítico, rigoroso, profundo ou "radical", abrangente, ou que busque totalidades referenciais significativas sobre ou com base naquelas certas questões*, às quais já nos referimos sem, ainda, indicá-las.

Os estudantes de Filosofia sabem quantas controvérsias existem a respeito das palavras acima indicadas e mesmo sobre se realizar esse processo, assim, é mesmo estar fazendo Filosofia. Proponho que cada um pense a respeito. Mas proponho, também, que pensemos quanto as pessoas necessitam ser:

• **Boas investigadoras**: isto é, que saibam cada vez melhor realizar procedimentos investigativos que lhes proporcionem boas respostas às suas indagações. Para tanto, elas precisam ser boas observadoras, boas perguntadoras (veja-se toda a obra de Paulo Freire que propõe uma educação problematizadora: especialmente o livro *Por uma pedagogia da pergunta*, dele e de Antônio Faundez), boas em elaborar hipóteses plausíveis, boas em argumentar, em comprovar, em sustentar posições e, excelentes, em saber rever suas posições quando os argumentos apontem para tanto. Daí que precisem ser boas ouvintes dos pontos de vista e dos argumentos dos outros: precisam ser dialógicas e não polemistas.

Vejam-se os livros que têm sido publicados recentemente sobre esse tema — indicações na bibliografia.

• **Reflexivas**: isto é, que adquiram o hábito de retomar seus pensamentos para os "pensarem de novo", tendo em vista aprimorar, melhorar o que já estão pensando a respeito de algo. Pensar o já pensado é o mesmo que repensar, tentar pensar o já pensado, olhando-o de novo. Em uma realidade, como a nossa, onde tudo é convite à rapidez, ao imediatismo, há que haver convites ao contrário e até exercícios que levem ao hábito da reflexão. As afirmações e atitudes impensadas carregam riscos sérios às pessoas.

• **Críticas:** isto é, capazes de pôr em crise seus "achados". Achamos muito, mas sabemos pouco. Isso ocorre, em grande parte, porque não nos damos ao trabalho de "checar melhor", pôr em crise, problematizar o que pensamos. Temos de pôr em "dúvida" (Descartes) ou tentar "falsificar" (Popper) nossas certezas. Passando por esse crisol, por esse instrumento de depuração, nossos pensamentos podem apresentar-se mais seguros. Claro que, para ser críticos, é necessário sermos reflexivos: temos de ser capazes e habituados a "re-ver" nossos pensamentos. Só rever, porém, não basta: é preciso rever de maneira crítica. Mas podemos acrescentar que "rever a sós", isto é, sozinhos, solitariamente, também não basta: é necessário buscar a ajuda dos outros nos momentos de diálogo (não de polêmica), em que os pontos de vista são expostos, trocados, avaliados e, se necessário, revistos. É indispensável saber aliar as revisões solitárias com as revisões solidárias. É assim que nos fazemos, ou nos tornamos nós mesmos: nas relações, de preferência revistas e revisitadas, com a realidade, com os outros e nas relações com nós mesmos. Somos sempre originalmente construídos com base nas relações que estabelecemos.

• **Rigorosas:** isto é, sistemáticas, "ordeiras", ordenadas, ao menos para aquilo que é importante, porque necessário. O açodamento ou a precipitação não têm produzido bons resultados na vida das pessoas. Todos precisamos aprender a cuidar das mediações e saber passar por elas. Somos seres mediados, isto é, resultantes de múltiplas relações. Isso vale especialmente para nossos pensamentos: quase nunca vêm de iluminações súbitas.

- **Profundas**: isto é, dispostas a não parar na superfície dos fatos, das coisas, das situações e, por conseguinte, a não parar na superfície das análises relativas a tudo. Nossas análises é que nos dão, afinal, nossos pontos de vista: temos de ter disposição para ir, o mais profundamente possível, em busca da compreensão de qualquer coisa; temos de estar dispostos a ir às raízes, aos fundamentos. Isso é o que significa realizar um pensamento radical, que é uma das qualidades do pensamento filosófico.

- **Abrangentes**: isto é, não parciais. Todos temos de estar dispostos a ver os fatos, as situações, as coisas, por todos os ângulos, em todas as dimensões e em todos os relacionamentos possíveis. Isso significa buscar ver tudo de forma contextualizada, ver tudo como parte de totalidades cada vez mais abrangentes. Tudo faz sentido nos contextos relacionais em que se dá. Tudo é resultado de múltiplas determinações ou relações. Quando entendemos essas múltiplas relações, armamos em nosso entendimento totalidades referenciais significativas. Armamos os sentidos, as significações: parece que conseguimos vislumbrar referências, princípios e até direções. Esse é um grande desejo ou necessidade humana, e a Filosofia é, por excelência, a forma de conhecimento que busca a construção, bem argumentada, dessas totalidades referenciais significativas. Mas, como ela é crítica, está sempre pondo suas construções sob exame. Daí que o movimento histórico do filosofar não pára nunca.

Não deixe de examinar o Capítulo III.

Ora, se as pessoas necessitam buscar respostas a determinadas questões da maneira como a que estamos indicando, parece claro que a Filosofia tem um papel importante na vida delas.

Tomemos o exemplo de uma das questões que são sempre trabalhadas pela investigação filosófica: O que é o ser humano e qual o significado de sua existência?

Como fruto de reflexões filosóficas, há respostas a essa dupla questão. Elas são "divulgadas" no interior de cada cultura que as produziu e, mais que isso, por diversos meios são inculcadas na consciência das pessoas. Aceitando, ou sendo levados a aceitar tais respostas, os seres humanos orientam suas práticas de acordo com elas. As pessoas levantam a dupla questão sobre o que é ser humano e sobre o significado da existência humana. Precisam de respostas. Ou as elaboram por si mesmas (o que se dá, na verdade, sempre em interações com os outros), ou são, de algum modo, levadas a internalizar respostas elaboradas por alguém. Esse "alguém" não é uma única pessoa nem necessariamente pessoas que vivem em uma mesma época. Esse "alguém" é um conjunto de pensadores que elaboram as referências, os princípios, as grandes idéias, as quais organizam a visão de mundo, de homem, de sociedade, etc., de determinada cultura, com base em interesses e necessidades objetivas presentes nela e não, necessariamente, interesses e necessidades de todas as pessoas. Aliás, o que se pode observar historicamente é que tais interesses e necessidades têm sido de pequenos grupos que se tornam hegemônicos em tais culturas.

Pois bem, as "respostas" sempre estão aí. Não há sociedades humanas sem elas. E elas orientam, juntamente com outros fatores, a forma de ser das pessoas. Não só isso: são necessárias. Daí a necessidade da Filosofia e dos filósofos. Daí a necessidade do filosofar. De um filosofar, feito por poucos ou feito por todos. Se feito por poucos, haverá a escolha das respostas convenientes e sua inculcação e, muitas vezes, o combate às possíveis respostas "não convenientes". Se feito por todos, haverá, no mínimo, a participação e o jogo aberto na disputa pelas referências, pelos princípios, pelos sentidos, pelos valores.

Na proposta de ensino da Filosofia para todas as pessoas, desde o mais cedo possível, é fundamental que todos participem dessa produção tão importante para suas vidas. Só assim as pessoas aprenderão a avaliar criticamente quaisquer respostas às questões de fundo que se lhes apresentem e poderão participar da produção das respostas que lhes sejam verdadeiramente convenientes ou que, ao menos, assim lhes pareçam pelos argumentos produzidos.

2. Crianças e jovens e a Filosofia

Crianças e jovens, enquanto pessoas, põem-se questões próprias do âmbito da investigação filosófica; deparam-se e são "envolvidos" culturalmente com "respostas" a tais questões e têm o direito de ser iniciados no trato com elas e no processo de avaliação crítica das respostas. Aqui está a justificativa para o trabalho com Filosofia no ensino fundamental.

Além disso, tal iniciação, pela necessidade de envolver processos investigativos próprios da Filosofia (como: reflexão; criticidade; rigorosidade; profundidade, clarificação conceitual; contextualização; argumentação; dialogicidade e outros), oferece oportunidade rica de desenvolvimento do pensamento reflexivo, crítico e criativo necessário em todos os demais domínios do conhecimento e para toda a vida.

Quanto ao primeiro aspecto, o envolvimento com questões próprias do âmbito da investigação filosófica, é fácil observar sua ocorrência. Crianças, até bem pequenas, perguntam muito e, entre suas perguntas, algumas dizem respeito, por exemplo, ao fato do pensar e da existência das coisas, às situações que envolvem noções de certo e errado, justo e injusto, bem e mal, etc. Crianças e jovens se perguntam e perguntam aos outros por que pensamos, o que é pensar, como temos idéias, como alguém pode ter certeza sobre algo; perguntam-se e perguntam aos outros, também, por que certas atitudes são tidas como corretas ou não, quando algo é justo ou injusto, por que há injustiças e o que é mesmo justiça; o que é mesmo gente, se os animais pensam e sentem como os seres humanos; se há um sentido para a vida humana; se as coisas existirão sempre ou se tudo é provisório; e outras.

Ora, essas são questões, entre muitas outras, que fazem parte privilegiada das indagações filosóficas. A proposta é a de aproveitar esse interesse presente nas crianças e jovens, para envolvê-los em um processo de investigação que pode ser verdadeira iniciação filosófica, educativa por si mesma.

Quanto ao segundo aspecto, o fato de crianças e jovens se depararem com respostas já prontas a todas essas questões e serem "levados" a adotá-las sem uma reflexão mais cuidadosa a respeito das razões para tais questões, isso nos deve fazer pensar em como trabalhar com essa realidade se, verdadeiramente, queremos um processo educacional que caminhe na direção do desenvolvimento da autonomia intelectual e moral.

É inevitável que as diversas sociedades tenham respostas produzidas de alguma forma e procurem passá-las às novas gerações. Tal inevitabilidade deve-se à necessidade das respostas orientadoras ou justificadoras das práticas sociais, ou do modo de ser de cada realidade humana. O que deve ser evitado, na visão educacional que defendemos, é que as novas gerações sejam levadas, simplesmente, a adotar as respostas já prontas. Elas não apenas têm o direito de proceder a um exame rigoroso e crítico a respeito dessas respostas, o que envolve conhecê-las, mas também o direito de ajuizar e opinar sobre elas e sobre alternativas para tais respostas. *Todos os seres humanos têm o direito de decidir nos rumos das suas vidas.* Também crianças e jovens têm esse direito, como cabe-lhes o direito de aprender a dominar o uso das ferramentas intelectuais que lhes possibilitem as decisões. Têm direito de ser educados para a autonomia. Nesse sentido, uma iniciação filosófica relativa aos bons procedimentos do filosofar deve ser iniciada quanto antes.

3. Iniciação filosófica de crianças e jovens e seu preparo para o exercício consciente da cidadania

As temáticas relativas ao "ser gente"; à sociedade e a possíveis melhores formas de seu ordenamento; ao poder; à liberdade; à justiça; ao que deve ser considerado como bom, especialmente no tocante às atitudes das pessoas; etc., tudo isso tem relação direta com as "referências", princípios, ideais, critérios, etc. de que nos servimos para orientar a forma como organizamos a vida em comum na "cidade". Nas escolas, tais referências são, de algum modo, "passadas". Por que não trabalhá-las de forma dialógica, reflexiva, crítica e criativa, em um processo de iniciação filosófica?

Precisamos falar em "iniciação filosófica". Trata-se de um entendimento, de certa forma, novo. Trata-se de entender o que significa *educar filosoficamente as pessoas*. Isso significa buscar preparar as pessoas, desde o mais cedo possível, para participarem, com competência, de algumas definições fundamentais que se renovam ao longo da História humana. Essas definições são orientadoras, juntamente com outros fatores, da forma de ser das sociedades e das pessoas nelas.

Ter claro, por exemplo, o que é ser gente ou o que é ser uma pessoa. E quem são os seres os quais chamamos de pessoas. Às vezes parece que não consideramos como pessoas iguais todos os seres humanos. Todos são realmente pessoas com os mesmos direitos e deveres e às quais deve ser garantida uma "vida boa"?

E o que seria uma "vida boa" para todas as pessoas?

Definir o que é ser pessoa, que todos os seres humanos devem ser considerados como pessoas e o que é uma "vida boa" para todos é essencial para haver parâmetros comuns na organização da "cidade", isto é, da sociedade.

É também essencial definir o que seja justo (e justiça), o que é certo e errado, o que é direito e dever, etc., etc.

É também essencial buscar consensos sobre o que é verdade, sobre a importância, ou não, de ter conhecimentos e quais conhecimentos; sobre o que podemos entender por conhecimentos e o que entendemos sobre o que é pensar e "pensar bem".

Talvez seja necessário buscar referências que nos ajudem a entender melhor o que é esse mundo material imenso e, nele, o nosso planeta Terra e, na Terra, o que é a natureza e como devemos viver em uma relação "adequada" com ela. E o que é uma "relação adequada" com a natureza.

E a quem compete produzir essas definições e referências?

Talvez possamos concordar que alguns poucos as produzam: isso não geraria a dominação desses alguns poucos sobre os demais, pelo fato de as definições e as referências servirem como pistas orientadoras da vida das pessoas?

Da forma como estamos entendendo que deva ser organizada a vida em comum (a cidade, a *pólis*, o lugar da cidadania), não cabe pensar em apenas alguns produzindo as grandes referências significativas. Cabe, isso sim, pensar que todos devam participar de amplas discussões para sua produção e para sua reconstrução contínua e continuada, à medida que as situações históricas o exijam.

Como as pessoas, *todas as pessoas*, poderão participar de tais discussões de forma serena, mas firme e colaborativamente, se elas não tiveram oportunidades de se preparar para isso, envolvendo-se, desde cedo, em tal exercício?

4. Necessidade da Filosofia para as demais disciplinas do currículo

Muitos entendimentos e conceitos são pressupostos nas diversas áreas curriculares, como: o que é o ser humano; o que é um animal racional; o que é natureza; o que é cultura; o que é linguagem; o que é pensamento; o que é conhecimento; o que é conhecimento verdadeiro; o que é ciência; o que é sociedade; o que é poder; o que é justiça; o que é liberdade; o que é história; e tantos outros. Ao trabalhar investigativamente tais temas, a "iniciação filosófica" de crianças e jovens vai, paulatinamente, propiciando-lhes maior compreensão de tais temáticas. Isso os auxilia na melhor compreensão de todas as áreas curriculares. Há uma função ou papel interdisciplinar da Filosofia, nesse particular.

Além disso, há o "bom papel", para todas as áreas curriculares, do desenvolvimento do pensamento reflexivo, crítico, rigoroso, profundo, abrangente.

5. Objetivos pretendidos com Filosofia no ensino fundamental

Os objetivos pretendidos com o trabalho de iniciação filosófica de crianças e jovens, no ensino fundamental, decorrem basicamente do que foi apresentado nos itens anteriores. Podemos formulá-los assim:

1) Oferecer um espaço curricular específico no qual crianças e jovens possam dialogar investigativamente, com base em questões relativas a certas "temáticas de fundo", de tal forma que possam pôr sob exame, progressivamente, as referências ou os ideais reguladores que encontram em seu cultural.

2) Oferecer, em tal espaço curricular, possibilidades de desenvolvimento do pensamento reflexivo, crítico,

rigoroso, profundo, abrangente e criativo, bem como de atitudes que favoreçam o diálogo investigativo.

3) Possibilitar investigação dialógica, reflexiva, crítica, rigorosa, profunda, abrangente e criativa, a respeito de temáticas concernentes aos ideais reguladores, ou valores, implicados no exercício da cidadania.

4) Oferecer subsídios para o esclarecimento de conceitos básicos, próprios do âmbito da investigação filosófica, que se entrelaçam em todos os demais domínios do conhecimento e os permeiam.

5) Oferecer subsídios para o desenvolvimento, nas crianças e jovens, do "pensar por si próprios", isto é, do pensamento autônomo, bem como para o desenvolvimento das capacidades que possibilitam escolhas autônomas no âmbito das condutas.

Capítulo III

CONTEÚDOS NO TRABALHO DE ENSINO DA FILOSOFIA

Conteúdos no trabalho de ensino da Filosofia

Para quem já teve de justificar seu trabalho como professor de Filosofia, uma das respostas esperadas era, e continua sendo, aquela relativa aos conteúdos. Que conteúdos, afinal de contas, estuda essa "disciplina" e, por conseguinte, que conteúdos podem ser "ensinados"? Há conteúdos que, minimamente, devem ser trabalhados em aulas de Filosofia?

1. Considerações iniciais

A resposta, aqui, é sim. Há conteúdos que devem ser trabalhados nas aulas de Filosofia, pois dizem respeito a temáticas necessárias a todos os seres humanos, a certas questões que eles se põem e para as quais precisam de respostas. Ainda que essas respostas sejam sempre discutíveis.

Os conteúdos da Filosofia são temáticas que se apresentam na forma de certas perguntas e para as quais há diversas respostas, algumas das quais presentes com mais força no cultural de cada época histórica. Essas temáticas precisam estar sempre sendo examinadas, avaliadas e, eventualmente, reelaboradas ou mesmo substituídas. Não só: faz parte dos conteúdos da Filosofia uma maneira própria de trabalhar as temáticas, as perguntas e as respostas. Essa maneira própria, ou o método, torna-se conteúdo à medida que é constantemente examinado, estudado, avaliado e reconstruído.

Há, aqui, algumas idéias importantes e, ao mesmo tempo, problemáticas — como tudo na Filosofia. No entendimento de conteúdos do ensino da Filosofia, incluímos certas temáticas, questões ou perguntas, respostas diversas, exame, avaliação, reelaboração e substituição de respostas, métodos de investigação filosófica...

Além disso, estamos utilizando duas palavras para indicar o fazer, em sala de aula: "ensino" e "trabalho". Ensino de conteúdos e trabalho com os conteúdos. Há, por certo, conteúdos a ser ensinados, de tal forma que haja aprendizagem deles pelos alunos. Especialmente certos conceitos e procedimentos precisam ser aprendidos. É necessário também aprender (e, portanto, ensinar) quais são as "certas questões", próprias especialmente da Filosofia, as temáticas, algumas das respostas historicamente produzidas e, por que não, alguns nomes que participaram ou foram decisivos na sua produção. Tais aprendizados são necessários para o *"trabalho"* com os conteúdos, isto é, para um trabalho de reflexão rigorosa, radical e abrangente sobre as temáticas e com base em questões bem postas e a elas pertinentes. Não se trata, apenas, de saber quais são as temáticas, as questões, algumas das respostas dadas a elas e, eventualmente, alguns autores. Não basta, também, saber das exigências metodológicas do filosofar. Tudo isso é necessário, mas o mais importante é o "trabalho" com essas temáticas, questões, com essas "algumas respostas" (especialmente as que estão hegemonicamente presentes em nosso cultural) e com o método da investigação filosófica. *É esse trabalho que vai gerando pessoas com formação filosófica* e, portanto, capazes de estar, de alguma forma melhor, entendendo as referências ou as significações presentes em sua realidade, examinando-as criticamente, avaliando-as, reelaborando-as e, eventualmente, podendo participar de sua substituição. Poder fazer isso, cada vez melhor, é poder participar de uma grande luta e construção políticas: é participar da construção das referências, ou princípios, que sempre fazem parte da estruturação de qualquer sociedade. Poder fazer isso é exercer, ainda mais, a cidadania.

Portanto, no trabalho com a Filosofia no ensino fundamental e no ensino médio deve haver, também, a busca do desenvolvimento do pensamento reflexivo, crítico, rigoroso, profundo, abrangente e criativo, bem como a busca do desenvolvimento do "gosto" pelas temáticas essencialmente filosóficas. Na verdade, não é só o gosto por elas que se deve buscar e, sim, *a não-escamoteação dessas temáticas e das questões que elas suscitam*. Tal escamoteamento dá-se pelo fato de "não se prestar atenção suficiente" nelas e pelo fato de serem oferecidas respostas prontas, sem o "convite pedagógico" e político para pensar as razões dessas respostas. É nesse convite para pensar as razões que se pode convidar, também, o pensamento reflexivo, acompanhado das demais características acima indicadas. Nesse convite está implícito o convite ao diálogo, no qual as diversas respostas se encontram, cotejam-se, trocam-se, complementam-se e se aprimoram, bem como as razões que podemos dar a elas. Está implícita, também, a proposta de lutar contra a "ideologização". Vejam-se estas palavras de Lagueux:

> ... antes de propor aos estudantes uma filosofia acabada, convidá-los a examinar, lucidamente e à luz de sua própria experiência, as questões que eles correm o risco de escamotear.
> [...]
> Ensinar os estudantes a filosofar é convidá-los a pensar por eles mesmos, sugerindo-lhes não esquecer, no momento de fazê-lo, certos dados que os filósofos, os cientistas, os artistas procuraram esclarecer e que dão à questão toda a sua complexidade como toda a sua dimensão. Ensinar a filosofar não é, então, apenas ajudar a tomar consciência das questões fundamentais em toda a sua amplitude, mas é, também, sugerir elementos de solução; é elucidar noções ambíguas; é lembrar de modo pertinente a "démarche" de determinado filósofo no momento em que ele encontra uma questão claramente colocada por todos; mas é sempre ajudar o estudante a ver mais claro em sua própria situação (Lagueux, 1980, p. 22).

Quais são, então, essas temáticas e algumas das questões que elas suscitam que, por não poderem ser escamoteadas, devem constituir o conteúdo mínimo indispensável da investigação filosófica e, por isso mesmo, do ensino da Filosofia?

Com certeza, ao menos, as que são apresentadas a seguir:

• O "ser gente". O que é ser uma pessoa? O que significa ser considerado uma pessoa? A quem consideramos, de verdade, como pessoa? Quais as conseqüências prático-sociais da nossa forma de compreender os seres humanos dessa ou de outra forma; na verdade, quais as conseqüências políticas? O que é ser pessoa no mundo e com o mundo? *(Temáticas de Antropologia Filosófica.)*

• O que entender por "mundo". O que é a realidade na qual estamos, da qual fazemos parte e com a qual nos relacionamos. Como entender nossa relação com esta realidade (com este "mundo"): com o mundo *(Temáticas de Ontologia Filosófica.)*

natural (o que entendemos, mesmo, por natureza?); com o mundo social; com os vários "mundos" de cada pessoa? Como entender as afirmações relativas a possíveis mundos ou realidades transcendentais a este mundo, no qual nos encontramos? Como entender os diversos "entendimentos" de mundo? O que, na verdade, constitui a realidade? O que é real?

• Como entender o "entender", ou seja, como entender o pensar, o ter idéias, o conhecer, o saber a respeito de tudo, até mesmo do próprio saber. Como as idéias estão em nossa consciência? Como se formam? Como explicar que podemos recebê-las de algum modo "prontas"? Como explicar que podemos "ter as mesmas idéias" que outros têm a respeito de tantas coisas? Como entender a necessidade de certos esforços para podermos "entender melhor" certos fatos, situações, ocorrências? Como entender, por exemplo, os esforços necessários do estudar, do prestar atenção em uma explicação, do "fazer lições"? Como entender que o nosso conhecimento é, quase sempre, obtido por mediações, quase nunca fáceis? Como entender tanto esforço por "obter" ou construir conhecimentos? Como entender tanta importância dada ao conhecimento?

Temáticas da Teoria do Conhecimento.

• Como entender o fato de os seres humanos darem mais ou menos importância a certas coisas, atitudes, a certos aspectos da vida? Isso indica que há aspectos, coisas, objetos, atitudes, lugares, etc. que são preferidos e outros não. Há relações de "não-indiferença" que se estabelecem entre os seres humanos e tantas coisas, fatos, situações, atitudes, etc.

Temáticas de Axiologia (especialmente Ética e Estética).

55

Dentro do campo dos valores e seu estudo (Axiologia) deve ser privilegiado, no ensino fundamental, o campo da Ética, no qual devem ser trabalhados os temas que dizem respeito ao bem, ao certo, ao errado, relativamente às atitudes; os temas relativos à justiça, às regras em geral e às regras de conduta em particular e aos princípios e critérios em virtude dos quais avaliamos as regras de conduta ou as próprias condutas.

Temáticas de Ética.

• Não só: crianças e jovens são sensíveis ao tema da liberdade, relacionado com o tema da regulação das condutas, bem como à possibilidade de, não sendo possível a convivência humana sem regras mínimas de conduta, poder participar no seu estabelecimento. Tal interesse encaminha aos temas relativos à organização da sociedade, à democracia, à cidadania, à autoridade, aos temas relativos aos direitos e deveres, bem como aos temas relativos ao poder e suas diversas formas na sociedade.

• Ainda no âmbito da valoração, cabe debater sobre as apreciações estéticas humanas e sobre as manifestações e produções daí decorrentes. Por que dizemos que algo é belo ou feio? Maravilhoso, sublime, ou horrível, horripilante? Por que os seres humanos produzem arte: pintura, escultura, literatura, música, dança, teatro e outras? Para que arte? As pessoas precisam ser não apenas "consumidoras", mas "produtoras" de arte? Por quê?

Temas de Estética.

• Permeando todo o trabalho nas salas de aula, como conteúdo próprio do filosofar, deverá haver, por parte do professor, indicações e estimulações para o "prestar atenção" nos processos do pensamen-

Temas de Lógica.

to (pensamento reflexivo; metacognição) e, em especial, aos processos da conceituação, do ajuizamento e do raciocínio. Nesse particular, estarão sendo trabalhados, mais que temas, *elementos de Lógica e da própria Teoria do Conhecimento*.

As estimulações à metacognição podem ser feitas com perguntas como: com que significado está sendo utilizada determinada palavra? Este é mesmo o seu significado? (Conceituação). Como fazemos afirmações a respeito de qualquer coisa? (Ajuizamento). As afirmações feitas têm base para ser feitas? A seqüência dessas idéias, apresentadas por escrito ou verbalmente, é boa? Há ligações adequadas entre elas? (Seqüência lógica). Há coerência no que se diz, em relação ao que foi dito há pouco?

O que está sendo dito é pertinente ao tema ou assunto que está em pauta na conversa ou no texto que está sendo apresentado? (Coesão). E essa conclusão: de onde veio? Poderia mesmo ser "tirada" (inferida) de onde o foi? (Raciocínio). Pode haver regras para um pensar considerado melhor? Melhor em relação a que maneira de pensar? Como obter boas razões para o que afirmamos e ser capaz de apresentá-las? Por que boas razões são importantes? (Argumentação). É importante, ou necessário, pensar por si mesmo? O que isso significa? (Autonomia intelectual).

• E é preciso propor, também, perguntas que garantam o exame constante a respeito do rigor, da profundidade, abrangência ou contextualização dos pensamentos.

• Por fim, como conteúdo atitudinal a ser também e necessariamente aprendido, o trabalho em sala de aula deve *privilegiar o diálogo investigativo* a respeito das temáticas propostas.

Essa temática, com suas questões, expressa conteúdos que sempre ocuparam e envolveram os esforços do filosofar ao longo da história do pensamento humano. Podemos constatar isso na produção dos chamados grandes filósofos. Dificilmente encontraremos algum que não tenha trabalhado todos esses temas ou parte substancial deles.

> O modo de propô-las será objeto de discussão nos Capítulos V e VI.

É com base nesse "campo temático" que podem ser sugeridos conteúdos e conceitos básicos a serem trabalhados no ensino fundamental.

2. Conteúdos e conceitos que podem ser trabalhados no ensino fundamental

Não há como indicar conteúdos e conceitos a serem trabalhados em qualquer área, sem dispô-los em algum elenco ou listagem. Isso, porém, não significa que devam ser trabalhados na ordem em que estão sendo apresentados aqui nem que devam ser organizados linearmente, nessa ou em qualquer ordem.

A organização dos conteúdos de estudo/investigação merece sempre atenção especial, tomando como ponto de partida a proposta educacional adotada em cada escola.

A proposta, aqui, é a de que todos os temas sejam trabalhados em todas as séries, mediante um processo de aproximações sucessivas. Esse processo deve gerar, de maneira gradativa, um envolvimento compreensivo com os temas. Tal "envolvimento compreensivo" significa que os estudantes vão compreendendo progressivamente a importância da investigação de tais temas e vão, também progressivamente, compreendendo noções básicas que os ajudam no entendimento das várias temáticas, a ponto de provocá-los, cada vez mais, para novas questões a respeito delas. Isso ensejará aproximações cada vez mais profundas (radicais) dos temas, mais rigorosas e mais amplas ou abrangentes, situando-os em totalidades cada vez mais significativas. Além disso, tal exercício, feito em grupo, dialogicamente, com atenção às maneiras de pensar essas temáticas, deve proporcionar o desenvolvimento, também progressivo, das capacidades de abordá-las, "à maneira filosófica": isto é, os alunos estarão sendo iniciados no processo do filosofar, até o limite de suas possibilidades. *E... sempre orientados por um professor que precisa saber como isso se faz: tal é a idéia de "intervenção educacional devida".*

Ao serem organizados em certa ordem, os conteúdos devem ser trabalhados interligadamente. Os temas apresentados estão interligados e presentes nas preocupações das crianças, dos jovens e adultos: ainda que possam ser trabalhados um de cada vez, em determinada seqüência, não convém apresentá-los de forma estanque. Aliás, não se trata de "apresentá-los". Trata-se de "tomá-los" em contextos bem planejados e iniciar os alunos no tratamento deles de maneira progressivamente reflexiva, crítica, criativa e, ao mesmo tempo, *tentar trabalhá-los na perspectiva da produção de totalidades referenciais significativas.* E isso, o máximo possível, em processo dialógico-investigativo que parta de problematizações pertinentes aos temas.

Com base nas temáticas filosóficas indicadas no item anterior, pode-se pensar em uma indicação de conteúdos específicos para cada uma — expressos na forma de questões — e de alguns conceitos básicos próprios delas, minimamente necessários para compreensão inicial dos referidos conteúdos.

Pode-se pensar indicações diferentes, dependendo dos enfoques que se queiram privilegiar em cada temática e mesmo de entendimentos diferenciados relativos a cada uma. O que é apresentado, aqui, é uma "possível indicação". Julgamos que isso possa servir como ponto de partida.

2.1. Temas de Antropologia Filosófica

• O que é ser pessoa? O que significa ser considerado como pessoa?

• A quem consideramos, de verdade, como pessoa?

• Quais as conseqüências prático-sociais de nossa forma de compreender, considerar e tratar os seres humanos de uma forma ou de outra?

• Como entender o ser humano no mundo e com o mundo? Como entendê-lo comparando-o aos outros seres do mundo? Como entender suas relações com a natureza e com os demais seres da natureza?

• Como devem ser as relações das pessoas entre si?

• O que significa dizer que o ser humano é um animal racional?

• O que significa dizer que o ser humano é um ser social?

• O que significa dizer que o ser humano é um ser emocional? Para que servem as emoções? O que são as emoções? Os outros animais se emocionam?

• O ser humano é um ser que transforma, pelo trabalho, a natureza: por quê? O que significa isso?

• As produções humanas são chamadas de cultura: o que é cultura? Exemplos de produções culturais.

2.2. Conceitos básicos do âmbito da Antropologia Filosófica

Dentro das temáticas acima indicadas, serão trabalhados: pessoa, gente, humano, animal, racional, irracional, dignidade, respeito, o outro, igualdade, discriminação, exclusão/inclusão social, afetividade, emoções/emocional, crescimento/desenvolvimento, realização pessoal, comunicação, relação com outras pessoas, gênero, o que é "levar o outro em conta", o que é "ser eu mesmo", identidade, natureza, trabalho, transformação, cultura, social, sociedade.

2.3. Temas de Ontologia

• O que é o "mundo"? O que é tudo o que existe? Tudo o que existe é o mundo? Ou é melhor dizer universo?

• Há alguma razão para existir tudo o que existe? O que faz parte de tudo o que existe?

• Pode-se dizer que tudo o que existe é a realidade? O que é a realidade na qual estamos, da qual fazemos parte e com a qual nos relacionamos?

- Quando dizemos que nos relacionamos com a realidade é o mesmo que dizer que nos relacionamos com a natureza? Ou a natureza é uma parte da realidade? Se assim é, qual é, ou quais são, as outras partes da realidade?

- Do que é feita a realidade? Do que são feitos os seres da realidade? Quais são os seres da realidade? O ser humano é um ser da realidade?

- Os pensamentos fazem parte da realidade? E as emoções?

- As famílias são coisas da realidade? De que são feitas as famílias?

- As escolas são coisas da realidade? De que são feitas as escolas?

- As sociedades são coisas da realidade? De que são feitas as sociedades?

- Famílias, escolas e sociedades são feitas, também, de relações? O que são relações? Que tipos de relações constituem famílias, escolas e sociedades?

- As relações existem? Elas são coisas ou seres? Como assim?

- Há outras coisas, ou seres, ou fatos, ou situações, que são constituídos, também, de relações?

- Que relações estão presentes em uma cadeira ou mesa? E em uma semana, um mês, um ano? E entre um lugar e outro? E entre uma pessoa maior e outra menor? Que outros tipos de relações podemos pensar?

- Constatar as relações presentes nas coisas, nos fatos, nas situações, pode nos ajudar a entender melhor tais realidades? Basta constatá-las ou é necessário entendê-las? Por quê?

• Podemos afirmar que a realidade é constituída de seres, situações, fatos e de relações?

2.4. Conceitos básicos do âmbito da Ontologia

Serão trabalhados dentro da temática acima indicada: mundo; universo; realidade; real; aparência; concreto; abstrato; virtual; mundo natural; mundo social; mundo cultural; mundo "sobre-natural"; transcendental; relação com o mundo; relações; relações no mundo; permanência/mudança; etc.

2.5. Temas de Teoria do Conhecimento

• O ser humano é um ser que pensa: o que é pensar? O que o pensar traz às pessoas? É possível pensar de uma forma não adequada? Como seria pensar de uma forma adequada? O que isso significa?

• Ser animal racional é ser um animal que pensa? Só o ser humano é um animal que pensa? Se os outros animais podem pensar, há alguma diferença entre a forma de pensar dos outros animais e a forma de pensar dos seres humanos?

• Os seres humanos podem aprender a pensar melhor? O que é um pensamento melhor e um pensamento pior? Refletir é uma forma de pensamento melhor? A escola é um lugar onde as pessoas, quando crianças e jovens, aprendem a pensar melhor? Ou é um lugar onde as crianças e jovens aprendem pensamentos já pensados por pessoas que já pensaram melhor? Estas pessoas são os cientistas? São os sábios? Quem é sábio?

• Para agir de maneira correta e justa, é preciso pensar bem?

• Por que as pessoas querem saber tanto a respeito de tudo? O que é saber? Conhecimento e saber são a mesma coisa? O que tem a ver entre si pensar, saber e conhecer?

• O que é conhecimento? O conhecimento nos possibilita a verdade sobre a realidade? Como saber se um conhecimento é verdadeiro ou falso?

2.6. Conceitos básicos do campo da Teoria do Conhecimento

Serão trabalhados dentro das temáticas acima indicadas: pensar, ter idéias, formar uma idéia, conceito, entender, compreender, pensar até entender, afirmar algo, negar algo de algo, ajuizar, raciocinar, relação pensar/agir, pensar e repensar o já pensado, reflexão, conhecimento, saber, verdade, erro, mentira, entender, estudar como caminho para entender, escola como lugar de conhecimento, escola e pensamento, perguntar e pensar respostas, etc.

2.7. Temas de Ética

O agir humano é diferente do agir dos outros animais? Em quê? O saber o que se faz e as intenções tornam o agir humano diferente do agir dos outros animais? Por quê?

• Os seres humanos conduzem seu modo de agir? É por isso que podemos chamar nossas ações de condutas? Os outros animais não têm condutas?

- Há condutas preferíveis e condutas que não devem ser preferidas? Como saber as que são preferíveis e as que não o são? Como saber quais condutas valem e quais não valem? Há critérios para saber isso? Como saber desses critérios?

- As regras para determinadas condutas são bons critérios para saber quais valem e quais não valem? O que são regras? Quem faz as regras de condutas? Quem deve fazê-las? São necessárias? Por quê? Seria possível viver em sociedade sem regras de conduta?

- Há regras de conduta que são impostas por algumas pessoas a outras pessoas? Por que isso acontece? É justo que isso aconteça? Por quê? O que seria justo, nesse caso da elaboração das regras de conduta?

- Há outras formas de injustiça, além da imposição de regras de conduta? Quais? A exploração de seres humanos por outros seres humanos seria uma delas? Por que é injusta? E permitir que seres humanos sejam discriminados, excluídos dos bens necessários a uma vida digna? Essas injustiças podem ser eliminadas?

- A justiça é sempre necessária? Por quê? O que é justiça?

- O bem deve ser buscado sempre? Por quê? O que é o bem? E o mal?

- O que é ser uma pessoa boa?

2.8. Conceitos básicos do campo da Ética

Serão trabalhados dentro das temáticas acima indicadas: agir, ação, conduta, intenção, valer e não valer, preferir e não preferir, importante e não importante, valor, regras, regras de conduta, critérios, motivos, razões para conduta boa/má, conduta certa/errada, conduta justa/injusta, justiça, bem, mal, exploração, dominação, autoritarismo, liberdade de escolha, etc.

2.9. Temas de Filosofia Social e Política

• Por que as pessoas vivem juntas, umas com as outras? Elas não poderiam viver cada uma separada da outra? Viver junto é viver em sociedade?

• O que é sociedade? Uma família é o mesmo que a sociedade? E uma escola? E um país?

• Como pensar as relações possíveis entre um indivíduo, uma família, escola, empresas, cidades, estados, países, governo, leis?

• As leis, em uma sociedade, são necessárias? Por quê? Como e por quem são feitas?

• As leis devem indicar direitos e deveres? O que são direitos e deveres?

• O fato de existirem deveres não vai contra a liberdade? O que é liberdade?

• Por que existe governo? Governo está ligado a poder: por que há poder?

• Como está organizado o governo? Sempre foi assim? Sempre houve governos?

• O que significa eleger os governantes? Quem são os governantes? Para quem eles devem governar?

• Por que há poder e autoridade na família, na escola e em outras instituições sociais?

• Quando uma sociedade pode ser chamada de democrática? O que é democracia? Democracia e poder combinam?

• Ser cidadão é o mesmo que fazer parte de uma sociedade? Como assim? O que isso significa?

2.10. Conceitos básicos do campo da Filosofia Social e Política

Serão trabalhados dentro das temáticas acima indicadas: sociedade; indivíduo; o outro; relações sociais; relações de poder; poder; liberdade; política; governo; estado; cidadania; democracia; leis; deveres; direitos; justiça social; convivência; participação; compromisso social; cultura; etc.

2.11. Temas de Estética

• Por que dizemos que algo é belo ou feio? Ou que algo é maravilhoso ou horrível?

• Por que os seres humanos produzem arte: pintura, escultura, literatura (poesia, prosa da mais diversa), música, dança, teatro e outras?

• Para que arte?

• As pessoas precisam ser não apenas "consumidoras" de arte, mas produtoras: por quê?

• O que é arte?

2.12. Conceitos básicos do campo da Estética

Serão trabalhados dentro das temáticas acima indicadas: belo/feio; preferência/não-preferência pelo belo/feio; como se define o que é belo; critérios; sensibilidade; arte; várias formas de arte; necessidade da arte na vida das pessoas; pessoas e arte; arte e nossa forma de pensar o mundo; criatividade; pensamento crítico e arte; emoção e arte; fazer arte; etc.

Capítulo IV

Trabalhando com Filosofia no ensino fundamental

Trabalhando com Filosofia no ensino fundamental

Esta proposta tem como elementos básicos algumas idéias e algumas formas de fazer já mencionadas: "contextos bem planejados" para o trabalho com as temáticas, em um processo dialógico-investigativo que garanta aproximações sucessivas aos conceitos básicos e às próprias temáticas, procurando desenvolver, concomitantemente, um pensar por si próprio — pensamento autônomo — que requer a busca contínua da competência para um pensamento reflexivo, rigoroso, crítico, radical, criativo e produtor de totalidades referenciais significativas (abrangente), o qual, por sua vez, exige o desenvolvimento de habilidades básicas de pensamento. Além disso, deve ser coordenado por um professor que saiba realizar "intervenção educacional devida". Essas idéias e maneiras de fazer estão explicitadas uma a uma, a seguir. Logo depois será oferecido um exemplo de "junção articulada" em uma proposta ou projeto de ensino de Filosofia.

1. Contextos bem planejados

Contextos são conjuntos de elementos relacionados entre si e que constituem uma significação. O todo, nesse caso, só tem essa significação devido aos elementos que o compõem, às relações entre si e às relações deles com o próprio todo. Assim, também, cada elemento só tem aquela significação naquele todo, com aquelas relações.

São exemplos de contextos: uma paisagem; uma cidade; uma greve; uma escola; uma obra literária; uma obra filosófica; textos grandes ou pequenos; contos; narrativas; filmes; músicas; poesias; uma situação ocorrida; uma situação significativa noticiada; algo que tenha ocorrido na escola; uma peça teatral; uma dramatização realizada em classe; um quadro de algum artista, etc.

Em cada um desses contextos, ou em outros, cada elemento tem significação específica devida ao próprio contexto: nada tem significado isoladamente ou fora de um contexto. No caso das palavras, elas têm significados nos contextos em que são utilizadas, referindo-se a objetos, seres, acontecimentos, etc., também eles situados em contextos. *Os contextos são como que o "berço" das significações dos diversos elementos*: em cada contexto diferente, os elementos ganham significações diferentes. Assim é com as palavras: é preciso ser capaz de analisar os contextos nos quais são empregadas, para poder atinar com seus significados. Há sempre duas exigências básicas aqui: analisar e compreender os contextos e atinar com os significados de cada elemento dentro de cada contexto. Há uma terceira: compreender as relações de contextos "menores" com contextos "maiores". Nesse caso, os contextos menos amplos são elementos de contextos mais gerais. Ou: há sempre totalidades menores que se inserem em totalidades maiores. À medida que vamos compreendendo totalidades menores e as vamos inserindo na compreensão de totalidades maiores, vamos compreendendo a realidade por aproximações sucessivas. Isso implica compreensão, por aproximações sucessivas, tanto das totalidades "menores" quanto dos elementos de cada uma das totalidades. O que parece não ser possível é a compreensão de elementos isolados de qualquer totalidade contextual nem a compreensão, de uma só vez, de cada contexto.

Obviamente que, para séries do ensino fundamental, não cabe tomar totalidades muito amplas como contextos iniciais de análises: há que saber tomar contextos menos amplos e, neles, ajudar os alunos a identificar as significações. Tanto as significações dos diversos elementos no contexto tomado quanto a significação do próprio contexto como uma totalidade. Isso não se dá por um trabalho mecânico e fragmentário de análises particularistas dos diversos elementos, mas só é possível em um trabalho contínuo de idas e vindas do todo para as partes e das partes para o todo, no qual, dialeticamente, o todo ilumina a significação das partes e as partes e suas relações iluminam a significação do todo. Aos poucos, progressivamente, a compreensão vai sendo obtida: por *aproximações sucessivas*. O que envolve, obviamente, a compreensão de contextos cada vez mais amplos. Daí a necessidade de saber escolher os contextos para o trabalho filosófico aqui proposto. É nesse sentido que estamos falando de contextos bem planejados. Isto significa que não devem ser tomados a esmo, e sim com intenções claras, ligadas, quer a objetivos presentes no projeto pedagógico da escola, quer a objetivos do plano de ensino já elaborado no processo conjunto de planejamento do ano e muito bem pensados para os alunos com os quais se está trabalhando. Quer indicar, também, que são contextos nos quais os alunos devem poder encontrar motivações para "boas questões" que os envolvam no diálogo investigativo a respeito de certos temas e na busca de novas informações a respeito. Quer indicar, ainda, que foram pensados como caminho inicial para chegar a certos conceitos e entendimentos relativos aos temas e para propiciar, com o tempo, condições de leitura de textos mais elaborados e mais profundos sobre os conteúdos com os quais se vai trabalhando.

2. Temáticas filosóficas

Não há trabalho filosófico sem conteúdos específicos da Filosofia e sem uma metodologia que seja filosófica. As temáticas filosóficas garantem, junto com a metodologia, a especificidade da abordagem filosófica. Queremos repetir, aqui, exatamente com as mesmas palavras, o que foi afirmado no Capítulo III, páginas 51-52:

> *Os conteúdos da Filosofia são temáticas que se apresentam na forma de certas perguntas e para as quais há diversas respostas, algumas das quais presentes com mais força no cultural de cada época histórica. Essas temáticas precisam estar sempre sendo examinadas, avaliadas e, eventualmente, reelaboradas ou mesmo substituídas. Não só: faz parte dos conteúdos da Filosofia uma maneira própria de trabalhar as temáticas, as perguntas e as respostas. Essa maneira própria, ou o método, torna-se conteúdo à medida que ele é constantemente examinado, estudado, avaliado e reconstruído. Há, aqui, algumas idéias importantes e, ao mesmo tempo, problemáticas — como tudo na Filosofia. No entendimento de conteúdos do ensino de Filosofia, incluímos certas temáticas, questões ou perguntas, respostas diversas, exame, avaliação, reelaboração e substituição de respostas e métodos de investigação filosófica...*

As temáticas, portanto, incluem temas e conceitos básicos, perguntas relativas a isso e respostas historicamente produzidas. Em aulas de Filosofia, esses temas precisam estar presentes; os conceitos básicos, a eles relacionados, precisam ser utilizados com compreensão cada vez mais clara; perguntas antigas e novas, relativas a esses temas, devem ser a provocação para a investigação filosófica; e as "respostas" dadas a essas questões pelos chamados grandes filósofos devem ser visitadas e revisitadas como caminhos que indicam, também, por onde andar e como andar no caminhar filosófico.

Uma listagem, não exaustiva, de temáticas já consolidadas historicamente no trabalho filosófico está indicada, como subsídio inicial mínimo, no Capítulo III, bem como diversos temas e conceitos a elas relativos.

As indicações poderiam não apenas ter outro formato, conter formulações de questões de maneira diversa, contemplar aspectos diferentes, mas também abranger outros temas. Cada professor de Filosofia deve elaborar suas indicações, suas questões básicas, seu rol de conceitos indispensáveis, etc. O importante é que cada um tenha clara uma programação de trabalho e boas razões para fundamentá-la enquanto programação de Filosofia.

3. Diálogo investigativo

Investigar é procurar saber, é buscar respostas, é estar em caminho na direção de um saber que não se sabe ainda, mas que se pretende saber. Investigar é pesquisar.

John Dewey, em seu livro *Democracia e educação*, afirmava, já em 1916:

> As escolas prestam-se mais para formar discípulos que pesquisadores (1959, p. 372).

Kant diz algo semelhante em texto que ficou famoso porque nele é afirmado que, para o jovem, é impossível aprender Filosofia, pois o que ele deve é aprender a filosofar:

> O método peculiar de ensino na Filosofia é zetético, como lhe chamavam os Antigos (de Zetéin), isto é, investigante, e só se torna dogmático, isto é, decidido, no caso de uma razão mais exercitada em diferentes questões (Kant, 1992, p. 175).

Nem Kant nem Dewey recusavam o trabalho de ensino com os conteúdos: ambos o defendiam. Mas não queriam que os alunos simplesmente os repetissem sem tê-los compreendido. Dewey dizia que os conteúdos devem ser tomados como dados com os quais o aluno deve "construir" (ou reconstruir) um conhecimento necessário à situação-problema na qual ele se encontre. Daí a importância que dava à apresentação adequada de questões problematizadoras, não apenas retoricamente, mas significativamente elaboradas.

Kant, no início do texto citado, diz que, se não se trabalhar para que o aluno investigue, ao invés de só lhe oferecer conteúdos prontos e acabados, esse aluno vai se tornar

> portador de uma ciência de empréstimo, que nele estará, por assim dizer, apenas grudada e não desenvolvida, ao passo que suas aptidões mentais permanecerão tão estéreis como dantes, tendo-se tornado, porém, com o delírio da sabedoria, muito mais corrompidas (Kant, 1992, p. 173-174).

Ou, no máximo, será "discípulo" de alguma doutrina, até mesmo sem a compreender bem.

É necessário, pois, que, em aulas de Filosofia para crianças e jovens, se faça um trabalho especial com os temas, questões, conceitos e "respostas" já dadas. Esse trabalho, mais do que um ensino das respostas, deve ser uma investigação motivada por questões pertinentemente filosóficas (o que se aprende a fazer), relativas a temas filosóficos e que levem em conta "respostas" eventualmente já dadas a essas questões pela tradição do pensamento filosófico.

> *O estudante que aprende apenas os resultados da investigação não se torna um investigador, mas apenas um estudante instruído. Esta alusão aponta para um dos propósitos educacionais da Filosofia: todo estudante deve tornar-se (ou continuar a ser) um investigador. Para a realização desta meta não há melhor preparo que o que é dado pela Filosofia. A Filosofia é investigação conceitual, que é a investigação na sua forma mais pura e essencial* (Lipman, 1990, p. 58).

As "respostas já dadas" devem, preferencialmente, ser as dos chamados grandes filósofos. Textos deles precisam ser escolhidos com discernimento no tocante às possibilidades de entendimento dos alunos e, se necessário para facilitar tal entendimento, têm de ser apresentados pelo próprio professor em uma tradução didática que não comprometa o significado. Mas esses textos, ou melhor, as posições dos filósofos não podem ser apresentadas como "últimas palavras" sobre o assunto. São, com todo o peso que têm, uma posição a ser analisada e avaliada. O conselho de Kant parece pertinente aqui:

> *Também o autor filosófico, em que nos baseamos no ensino, deve ser considerado, não como o modelo do juízo, mas apenas como o ensejo de julgarmos nós próprios sobre ele e até*

mesmo contra ele; e o método de refletir e concluir por conta própria *é aquilo cujo domínio o aprendiz está a rigor buscando, o qual também é o único que lhe pode ser útil, de tal sorte que os discernimentos decididos, que por ventura se tenham obtido, ao mesmo tempo têm que ser considerados como conseqüências contigentes dele, conseqüências estas para cuja plena abundância ele só tem de plantar, em si mesmo, a raiz fecunda* (Kant, 1992, p.175).

Tal trabalho de investigação pode, evidentemente, ser realizado individualmente por uma pessoa já iniciada na investigação filosófica. Não é o caso de alunos do ensino fundamental: eles precisam da ajuda inicial de seus professores, a qual ajuda demanda bom tempo.

A proposta, pois, é a de um trabalho *dialógico-investigativo*. Ou seja, um trabalho de investigação que seja realizado pelo grupo de alunos, com a coordenação do professor, envolvidos na busca conjunta da construção de respostas às questões, postas por todos, em torno de temas que o grupo vai delineando cada vez com mais clareza. É conjunta, também, e, portanto dialógica, a análise de respostas já dadas e que o grupo venha a conhecer, especialmente com a ajuda do professor.

As bases, portanto, são a investigação e o diálogo; quer dizer, determinado tipo de conversa filosófica que buscaremos explicitar a seguir.

Dialogar investigativamente significa conversar de forma ordenada a respeito de um assunto (tema) com a intenção de ter idéias mais claras e mais verdadeiras a respeito dele, tanto para si próprio como para os outros que participam da conversa (diálogo).

A palavra diálogo significa isso: "logo" (palavra), "diá" (entre). Palavra que circula entre várias pessoas, devendo cada participante fazer circular sua palavra, ciente de que os demais a ouvem e a levam em consideração, assim como ele ouve e leva em consideração a palavra de cada um dos outros.

Levar em consideração a palavra do outro não significa simplesmente concordar ou fazer de conta que concorda. Significa considerar: primeiro, se a entendi bem; segundo, se entendi as razões que a fundamentam; terceiro, se concordo com o que foi dito, pela força das razões apresentadas; quarto, se isso é igual ou é diferente do que eu já pensava sobre o tema; se igual, eu reforço em mim o que penso e, se diferente, verifico a diferença e, aí, posso discordar do outro (apresentando razões para tanto) ou posso concordar, modificando o que eu pensava a respeito. Nessa última situação, fiz uma modificação baseada em argumentos ou razões boas para tal: fiz uma autocorreção, uma correção do meu pensamento.

Paulo Freire, às páginas 61-62 de seu livro *Educação como prática da liberdade*, distingue diálogo de polêmica. Na polêmica, discute-se com os outros para convencê-los de nossas idéias; no diálogo, conversamos organizadamente e examinativamente com os outros, tanto sobre o que pensamos quanto sobre o que os outros pensam a respeito de um assunto e sobre as razões de cada um para pensar assim. Esse exame deve levar todos a estar dispostos a modificar ou complementar suas posições, se os argumentos (as razões) assim o indicarem.

Chaïm Perelman e Lucie Olbrechts-Tyteca, no livro *Tratado da argumentação*, dizem o seguinte, reiterando a posição de Freire:

> *É que o diálogo, tal como é focalizado aqui, não deve constituir um debate, em que convicções estabelecidas e opostas são defendidas por seus respectivos partidários, mas uma discussão, em que os interlocutores buscam honestamente e sem preconceitos a melhor solução de um problema controvertido* (Perelman-Tyteca, 1996, p. 41-42).

Matthew Lipman propõe que o trabalho reflexivo com temáticas filosóficas seja realizado por meio do diálogo investigativo naquilo que ele denominou de *Comunidade de investigação*. Cada sala de aula, segundo ele, deve ser transformada em uma pequena comunidade de investigação. Em *A Filosofia vai à escola*, diz:

> *O fazer Filosofia exige conversação, diálogo e comunidade, que não são compatíveis com o que se requer na sala de aula tradicional. A filosofia impõe que a classe se converta numa comunidade de investigação, onde estudantes e professores possam conversar como pessoas e como membros de uma mesma comunidade; onde possam ler juntos, apossar-se das idéias conjuntamente, construir sobre as idéias dos outros; onde possam pensar independentemente, procurar razões para seus pontos de vista, explorar suas pressuposições; e possam trazer para suas vidas uma nova percepção do que é descobrir, inventar, interpretar e criticar* (Lipman, 1990, p. 61).

As questões importantes e problemáticas, objeto da investigação filosófica, são sempre aquelas que dizem respeito à verdade, ao bem, ao justo, ao belo, ao que é ser gente, etc., como já apontado antes.

Fazer investigação filosófica é estar, a vida toda, pondo-se as questões filosóficas e buscando corrigir, aprimorar ou produzir novas respostas a essas questões sem perder-se em ceticismos que nada indicam ou em relativismos que indicam pobremente — porque são particularistas. Fazer investigação filosófica é ter um estilo de viver envolvido na e com a construção das significações humanas, ainda que tenham de ser constantemente refeitas: "... *o problemático é inesgotável e se reafirma desumanamente, quaisquer que sejam nossos esforços*" (Lipman, 1990, p. 51). E mais:

> Certamente Sócrates percebeu que a discussão dos conceitos filosóficos era, por si mesma, apenas um frágil caniço. O que ele deve ter tentado mostrar era que o fazer filosofia simbolizava uma investigação compartilhada como um modo de vida (idem, p. 33).

Lipman é um dos pensadores que, na atualidade, defende e propõe um trabalho com Filosofia para crianças e jovens. Ao falar de suas justificativas para tal trabalho, apresenta a da investigação dialógica nestes termos:

> A justificativa mais ampla apóia-se no modo pelo qual paradigmaticamente representa a educação do futuro como uma forma de vida que não foi ainda percebida e como um tipo de práxis. A reforma da educação tem de ter a investigação filosófica compartilhada na sala de aula como um modelo heurístico (Lipman, 1990, p. 34).

Um modelo heurístico e não erístico: o primeiro significa pesquisa ou investigação; o segundo significa "*a arte de batalhar com as palavras, isto é, de vencer nas discussões*" (Abbagnano, 1970, p. 322).

Lipman chama ao segundo pseudofilosofia e diz, ao referir-se a Platão e à sua crítica aos procedimentos, apenas erísticos, próprios dos Sofistas:

> Não há dúvida de que Platão, especialmente em sua juventude, foi atraído por muito do que os sofistas disseram sobre educação, mas estabeleceu limites quando suspeitou que a ênfase na gramática, retórica e dialética não era equilibrada com a imersão e apropriação pelo estudante da riqueza humanística da cultura. Tendo tido um professor como Sócrates e um aluno como Aristóteles, Platão teria realmente sido peculiar se não tivesse se sentido aflito pela mascateagem das panacéias

educacionais que baixaram aos bandos em Atenas (Lipman, 1990, p. 45).

A imersão na riqueza humanística da cultura e a apropriação desta não devem ocorrer apenas injetando, nos estudantes, seus conteúdos prontos, como resultados já atingidos pelos que já investigaram anteriormente: devem ser realizadas investigativamente e reconstrutivamente. O paradigma da investigação filosófica é, segundo Lipman, o que oferece o melhor preparo para tal. A Filosofia é ela mesma, por excelência, educativa porque, além de trabalhar tesouros culturais próprios, realiza estudo próprio da forma como pensamos e produz referências importantes para o "pensar melhor": tanto em relação a seus conteúdos quanto em relação aos de qualquer outra área. Além disso, se realizada uma investigação filosófica compartilhada, dialogicamente, os resultados educacionais são prometedores.

Tereza Cristina Rego propõe que um paradigma dialógico, ou, como diz, um paradigma baseado nas interações sociolingüísticas, seja promovido nas salas de aula:

> *O paradigma esboçado sugere, assim, um redimensionamento do valor das interações sociais (entre os alunos e o professor e entre as crianças) no contexto escolar. Essas passam a ser entendidas como condição necessária para a produção de conhecimentos por parte dos alunos, particularmente aquelas que permitem o diálogo, a cooperação e a troca de informações mútuas, o confronto de pontos de vista divergentes e que implicam na divisão de tarefas onde cada um tem uma responsabilidade que, somadas, resultarão no alcance de um objetivo comum. Cabe, portanto, ao professor não somente permitir que elas ocorram, como também promovê-las nas salas de aula* (Rego,1995, p. 110).

E o que diz nossa experiência? Podemos perceber que, quando participamos de um diálogo, aprendemos várias coisas que são agregadas ao nosso modo de pensar. Por exemplo, aprendemos que corremos sempre o risco de ser parciais nas análises que fazemos e que, quando ouvimos as análises dos outros, atentamos para aspectos que não tínhamos percebido sozinhos; aprendemos, a partir daí, a tomar mais cuidado em nossas análises e a nos autocorrigir; aprendemos a ouvir; aprendemos maneiras diversas de encadear idéias, internalizando em nós estilos de pensamento de nossos interlocutores; aprendemos a ponderar; desenvolvemos melhor nossa capacidade de argumentar, nossa capacidade de formular questões, nossa capacidade de formular hipóteses, nossa capacidade de conceituar; e tantas outras.

Uma educação dialógica parece ser rica em muitos aspectos. Um diálogo não é "mera conversa", mas encontro interessado de pessoas interessadas umas nas outras, respeitosas entre si e interessadas em produzir (construir), juntas, o máximo possível de esclarecimentos a respeito de algum objeto de estudo. Daí os esforços conjuntos em direção tanto à produção de esclarecimentos para si próprio como em direção à produção de esclarecimentos para os demais. Esse interesse duplo faz com que as pessoas envolvidas no verdadeiro diálogo cuidem, em si e nos outros, não só da obtenção dos esclarecimentos, mas também da obtenção dos melhores procedimentos possíveis para a melhor obtenção do conhecimento.

Este esforço em dominar os melhores procedimentos possíveis desenvolve as capacidades cognitivas, ou as habilidades de pensamento. E isso, especialmente, se houver no grupo uma ajuda educacional competente que oriente no tocante aos procedimentos e aos acertos em relação aos conteúdos cognitivos próprios do objeto de investigação coletiva. É um processo de envolvimento sério, comprometido, comunitário na busca do esclarecimento relativo ao objeto e que exige melhoria continuada nos procedimentos de busca. *Aprende-se a respeito do objeto de estudo (do conteúdo) e aprende-se a aprender junto com os outros. E aprende-se a respeitar os outros como parceiros de busca e, principalmente, como parceiros de vida.*

Quando crianças e jovens estão juntos, buscando esclarecer conceitos não muito claros, construir uma informação ou conhecimento a respeito de algo, decidir se um comportamento ou uma atitude é a mais adequada, etc., o envolvimento deles é surpreendente, como é surpreendente o esforço que têm de fazer para:

- dizer exatamente o que pretendem dizer;

- escutar e entender o que os outros dizem;

- formular questões e hipóteses;

- dar razões para suas afirmativas ou para suas concordâncias e discordâncias;

- rebater, com argumentos, as discordâncias dos outros em relação a seus pontos de vista;

- autocorrigir-se, quando convencidos pelos argumentos dos outros de que seus pontos de vista não são verdadeiros ou completos;

- fazer análise e síntese a todo momento;

- elaborar mentalmente tudo isso e ser capazes de expressar verbalmente este conjunto de elaborações.

Afora esses, há também produtos éticos importantes quando se participa de uma comunidade de investigação, em que o diálogo e não a disputa é a regra:

- aprende-se a respeitar os pontos de vista dos outros;

- aprende-se que o próprio ponto de vista tem o mesmo peso e valor que os dos outros;

- aprende-se a respeitar a vez dos outros e a exigir respeito pela própria vez;

- aprende-se a respeitar regras combinadas;

- aprende-se que as regras podem ser discutidas e modificadas, mas são necessárias para a vida comum;

- aprende-se que todos somos iguais;

- aprende-se que todos somos igualmente dignos de respeito;

- etc.

4. Aprendendo por aproximações sucessivas

No início deste capítulo, escrevemos:

> *há que saber tomar contextos menos amplos e, neles, ajudar os alunos a identificar as significações. Tanto as significações dos diversos elementos no contexto tomado quanto a significação do próprio contexto como uma totalidade. Isso não se dá por um trabalho mecânico e fragmentário de análises particularistas dos diversos elementos, mas só é possível em trabalho contínuo de idas e vindas do todo para as partes e das*

partes para o todo, no qual, dialeticamente, o todo ilumina a significação das partes e as partes e suas relações iluminam a significação do todo. Aos poucos, progressivamente, a compreensão vai sendo obtida: por aproximações sucessivas.

Tomemos um exemplo. Sabemos que vivemos em um mundo. Sabemos que estamos nele. Mas o que é esse "mundo" no qual dizemos que estamos?

Se examinarmos os processos pelos quais passamos para chegar à construção dessa idéia de mundo, perceberemos que foram processos de aproximações sucessivas: processos de idas e vindas das partes para o "todo possível", em cada momento de nossa vida, e processos de idas e vindas desse todo para as partes. Não só: estivemos sempre buscando e construindo relacionamentos das partes entre si e dessas partes, assim relacionadas, com o todo.

Pensemos em uma criança de 6 ou 7 anos. Ela tem uma idéia de mundo mais restrita que a de um adulto e, por sua vez, já bem mais ampliada que a de outra criança de 4 anos. Se conversamos com uma criança de 4 anos e perguntamos o que é o mundo, talvez ela nos diga que o mundo é o lugar onde vivemos e onde as coisas estão. É tudo, talvez ela diga. Se lhe perguntamos onde as coisas estão, talvez nos diga que as coisas estão em vários lugares. Ela particulariza "lugares", isto é, pequenos ou grandes conjuntos que congregam vários elementos ou partes. Assim dirá que certas coisas ficam nas casas, outras ficam nas escolas, outras ficam nas ruas, outras ficam nas florestas ou, talvez, diga que ficam na natureza. Esses "lugares", pequenos ou grandes conjuntos, são totalidades nas quais situamos coisas, pessoas, animais, plantas, etc. São "totalidades menos amplas" que totalidades como mundo, universo, realidade, etc.

O mesmo pode ocorrer se perguntamos a essa criança de 4 anos onde as pessoas ficam. Talvez ela diga que as pessoas ficam nas famílias ou nas casas, mas às vezes ficam fora de casa para trabalhar ou para ir à escola. Cada pessoa faz sentido nessas totalidades menos amplas: na família, na escola, no local de trabalho. Uma totalidade mais ampla, como a idéia de sociedade, é mais difícil de ser construída nesse momento. No entanto, ela já começa a se formar: até porque o termo sociedade já é utilizado e as crianças são envolvidas no seu uso. Entre essa idéia mais ampla, porém, como a de sociedade, e as idéias de casa, rua onde mora, família, escola, local de trabalho dos adultos estarão sendo construídas, progressivamente, outras idéias como as de vizinhança, de bairro, de conjuntos de pessoas ricas ou pobres, de pessoas agrupadas por ocupações, de cidade, de cidades maiores ou menores, de estado ou de país ou até de continente. E de planeta Terra, de sistema solar, etc. Só que não em uma ordem assim; há, dependendo das vivências das quais as crianças participam, "idas e vindas" que vão tornando cada uma dessas idéias mais e mais claras: as totalidades vão se formando e vão ganhando significações cada vez mais claras e, por sua vez, vão iluminando as significações de suas partes e das relações delas entre si e com as totalidades.

Imagine-se a complexidade que é, para uma criança de 9 ou 10 anos, compreender a noção de classe social, ou de partido político, ou de sindicato. Ou as idéias de sistemas interplanetários, de galáxias, de universo!...

Pensemos como se dá a apropriação de idéias, como a de ser vivo, plantas, animais, seres humanos, meio ambiente, ecossistema, natureza, flora, fauna, mamíferos, felinos, cultura, diversidade cultural, manifestações culturais, folclore, etc.

Todas essas idéias mais gerais representam totalidades mais ou menos amplas, dentro das quais as partes e as relações delas entre si e com cada totalidade ganham significação: assim com cada uma dessas totalidades. E mais: elas, ou cada uma dessas totalidades menos amplas, vão ganhando significação à medida que nós as vamos situando em totalidades mais amplas, nas quais elas se relacionam entre si.

Este é um processo de compreensão que não se realiza de uma só vez nem por partes tomadas isoladamente: ele se realiza por aproximações sucessivas. Esta é *uma das formas* de aproximações sucessivas.

Podemos pensar em outras formas de aproximações sucessivas. Por exemplo, os adultos, especialmente pais e outros educadores, gostariam que crianças e jovens tivessem formados, neles, conceitos como o de justiça, bem, honestidade, cidadania, verdade, mentira, solidariedade, etc.

Como estão esses conceitos em nós, adultos? Nunca estão formados completamente: nós os vamos "arrumando", cada vez melhor, à medida que vamos nos envolvendo com eles nas diversas situações em que temos de utilizá-los ou empregá-los. São conceitos amplos, isto é, conceitos que expressam totalidades compreensivas ou referências amplas significativas.

Como as crianças de 6, 7, 8 anos formam e utilizam esses conceitos?

Se observarmos bem, esses conceitos são formados nas crianças e jovens por aproximações sucessivas e especialmente em situações específicas ou em "contextos menos amplos", nos quais se pede que elas os utilizem.

Vejamos alguns exemplos.

Em uma situação em que crianças disputam algo, uma ou várias delas tomam uma atitude de parcialidade, de protecionismo ou que redunda em prejuízo para outras. Alguém presente poderá dizer:

"Assim não é justo! Não se pode proteger uns e outros, não! Não é justo que algo valha para alguns e não para os outros. Todos têm os mesmos direitos. Vamos corrigir o que ocorreu: cada um vai ter o que é direito".

Outra situação: festa de aniversário. Na hora de repartir o bolo, a pessoa que o faz oferece pedaços bem grandes para alguns convidados e deixa boa parte dos presentes sem bolo. Alguém comenta: "Isso não é justo. É preciso saber repartir de tal forma que todos ganhem um pedaço igual". As crianças estão ali presentes, participam dessa conversa e podem fazer parte dos que receberam e dos que não receberam o bolo.

Outra situação: na escola. É lido um texto como o da história infantil da *Galinha ruiva*. Uma galinha encontra uma espiga de trigo, convida outros animais para ajudar a debulhar a espiga, plantar os grãos, colhê-los, moer e fazer um bolo. Ninguém quer participar. Quando a galinha, após fazer sozinha tudo isso, assa o bolo, não permite que os animais o comam. Ela o come com seus pintinhos. No final do texto há esta expressão: foi justo. E, normalmente, o professor, ou a professora, acrescenta algum comentário ou provoca uma conversa a respeito.

Nas três situações houve a utilização do conceito de justiça, tanto por parte de adultos como por parte das crianças. Em cada contexto desses (contextos específicos ou "menos amplos"), o conceito se apresentou, foi de alguma forma trabalhado e utilizado: houve aproximações sucessivas da idéia de justiça. Ela está formada, de alguma maneira, nas pessoas envolvidas no seu uso, o qual encerra, necessariamente, alguma forma de pensar sobre ela.

Imaginemos, agora, uma escola que, intencionalmente, trabalha esse conceito de maneira reflexiva. Há uma nova aproximação: agora mais bem pensada. É um passo a mais na construção desse conceito. Como é um conceito complexo e muito amplo, nunca estará construído nas pessoas com toda a clareza: mas quanto mais nos aproximamos dele, com esforços sucessivos de compreensão, mais claro ele vai se tornando. E melhor ele poderá ser utilizado como referência significativa nas várias situações.

Tomemos mais um exemplo: quando é que podemos dizer que conhecemos, verdadeiramente, uma pessoa? Parece que nunca!...

Dizemos que só podemos ter um conhecimento mais completo (porém, nunca totalmente completo) de alguém, quando tiver havido uma convivência muito longa e freqüente com essa pessoa e se, nessa convivência, tivermos procedido a análises cuidadosas a respeito dela em diversas situações. Ou seja, só é possível conhecer de forma mais completa alguém, se tiver havido aproximações sucessivas desse alguém, pois ninguém se dá a conhecer por completo de uma só vez, isolada das várias situações de vida e em apenas um único encontro.

Pois bem, no ensino da Filosofia, queremos que nossos alunos formem diversos conceitos importantes e sempre abrangentes por sua significação.

Nos exemplos citados apareceram, propositadamente, conceitos importantes e complexos de várias áreas temáticas da Filosofia: conceitos como o de mundo, de realidade, de natureza; conceitos de sociedade, de justiça, de bem; conceito de pessoa; etc.

Alguma compreensão desses conceitos é sempre requerida nas várias situações de vida humana, assim como sua utilização nos ajuizamentos a elas inerentes e nas conseqüentes orientações para as condutas. *Tal compreensão nunca se dá de uma só vez. Dá-se aos poucos, progressivamente, por aproximações sucessivas. Mas ela tem de se dar.* Ainda que assim, aos poucos, em cada momento da vida.

Amadurecer como seres humanos implica, também, amadurecer a compreensão de muitas idéias. Como o amadurecimento é progressivo, também o é a compreensão das idéias: há que haver paciência pedagógica. Só que isso não significa nada fazer. Significa o contrário: estar fazendo sempre, progressivamente.

No caso do ensino da Filosofia, isso significa estar fazendo sempre, desde o mais cedo possível. Caso contrário, as aproximações tardias serão abruptas e pouco redundarão em benefício de construções abrangentemente sólidas.

Há que trabalhar os conceitos próprios das várias áreas temáticas da Filosofia, desde o mais cedo possível, dentro do limite das possibilidades das crianças e jovens. Os limites de possibilidades existem: por isso mesmo, as possibilidades ali estão. Dentro de limites, mas estão. Há que começar aí e progredir por aproximações sucessivas. Até porque, como foi mostrado em alguns exemplos, desde o mais cedo da vida, as crianças são solicitadas a ter alguma compreensão de muitos desses conceitos, pois é muito freqüente elas estarem envolvidas informalmente em contextos nos quais esses conceitos são utilizados.

A proposta, aqui, é a de que, formalmente, sejam criados contextos nas escolas onde todos esses conceitos sejam trabalhados intencionalmente, de forma inicial e progressiva.

5. Desenvolver o "pensar por si próprio"

Desenvolver o "pensar por si próprio", ou seja: o pensamento autônomo e com as características da reflexividade, da criticidade, da radicalidade, da contextualização e da criatividade.

Não é, nem nunca foi fácil, dizer o que é pensar. Mas é algo que todos fazemos, ou que precisamos fazer. Hannah Arendt enfrenta o desafio de dizer o que é pensar em seu livro *A vida do espírito*. Nesse livro, encontramos estas palavras:

> *O pensamento acompanha a vida e é ele mesmo a quintessência desmaterializada do estar vivo. E uma vez que a vida é um processo, sua quintessência só pode residir no processo real do pensamento, e não em quaisquer resultados sólidos ou pensamentos específicos. Uma vida sem pensamento é totalmente possível, mas ela fracassa em fazer desabrochar sua própria essência — ela não é apenas sem sentido; ela não é totalmente viva. Homens que não pensam são como sonâmbulos* (Arendt, 1995, p. 143).

Arendt, após mostrar um longo percurso de análises dos filósofos sobre o pensar, apresenta uma distinção entre pensamento e conhecimento. O pensamento é a busca e a produção do significado, ao passo que o conhecimento é o processo de busca e de produção da verdade. Tal distinção ela deriva da distinção que Kant fez, como diz, entre razão e intelecto:

> Essa distinção entre verdade e significado parece-me não só decisiva para qualquer investigação sobre a natureza do pensamento humano, mas parece ser também a conseqüência necessária da distinção crucial que Kant fez entre razão e intelecto (idem, p. 45).

Sobre essa distinção, diz:

> Quando distingo verdade e significado, conhecimento e pensamento, e quando insisto na importância desta distinção, não quero negar a conexão entre a busca de significado do pensamento e a busca da verdade do conhecimento. Ao formular as irrespondíveis questões de significado, os homens afirmam-se como seres que interrogam. Por trás de todas as questões cognitivas para as quais os homens encontram respostas escondem-se as questões irrespondíveis que parecem inteiramente vãs e que, desse modo, sempre foram denunciadas. É bem provável que os homens — se viessem a perder o apetite pelo significado que chamamos pensamento e deixassem de formular questões irrespondíveis — perdessem não só a habilidade de produzir aquelas coisas-pensamento a que chamamos obras de arte, como também a capacidade de formular todas as questões respondíveis sobre as quais se funda qualquer civilização (Arendt, 1995, p. 48).

Ou seja, o pensar é fundamental para a vida humana e é uma *"prerrogativa de todos"*, assim como *"a inabilidade de pensar não é uma imperfeição daqueles muitos a quem falta inteligência, mas uma possibilidade sempre presente para todos"* (idem, p. 143). Necessário para todos, mas possível de não acontecer: há que cuidar para que ele aconteça. Há que haver esforços que ajudem em sua realização. Pois *"homens que não pensam são como sonâmbulos"*. E esses homens que não pensam perdem a habilidade de conhecer, porque perdem *"a capacidade de formular todas as questões respondíveis*", que são as que fazem acontecer o conhecimento. E isso porque perderam a capacidade de formular as questões irrespondíveis, isto é, a habilidade de pensar. Não só: o pensamento é um instrumento para o conhecer. "*O pensamento pode e deve ser empregado na busca de conhecimento*" (idem, 1995, p. 48), ainda que, ao ser utilizado assim, "*ele nunca é ele mesmo; ele é apenas servo de um empreendimento inteiramente diverso*" (idem).

Essa distinção entre pensamento e conhecimento não é comum na literatura em geral, especialmente na literatura psicológica e educacional. Podemos percebê-la em algumas obras voltadas ao ensino da Filosofia. Um exemplo é o livro: *Filosofia: iniciação à investigação filosófica*, de José Auri Cunha (1992). No Capítulo 1, cujo título é: "A inteligência e o pensamento", fica claro o entendimento de pensamento como o processo de produção de significações e, no Capítulo 2: "A linguagem e o conhecimento", fica claro o entendimento de conhecimento como um processo de produção de interpretações destinadas a indicar formas seguras ou "verdadeiras" de o ser humano se relacionar ativamente com a realidade.

A recomendação, aqui, é a de leitura desse texto ou de textos similares. No livro de Marilena Chauí *Convite à Filosofia* (1994), há um capítulo (Unidade 4, Capítulo 6) dedicado ao pensamento. Nele há elementos importantes para a compreensão do que seja o pensamento, também no sentido de um processo de produção das significações. Mas não há intenção clara de apresentar uma distinção entre conhecimento e pensamento. Dentre os elementos que esse texto oferece para a compreensão do pensamento, podem ser ressaltados os que dizem respeito à reflexão, à análise crítica, atenta, profunda e que busca o estabelecimento de relações que tornam a realidade significativa.

> ... *pensar e pensamento sempre indicam atividades que exigem atenção: pesar, avaliar, equilibrar, colocar diante de si para considerar, reunir e escolher, colher e recolher. O pensamento é, assim, uma atividade pela qual a consciência ou a inteligência coloca algo diante de si para atentamente considerar, avaliar, pesar, equilibrar, reunir, compreender, escolher, entender e ler por dentro.*
> *[...]*
> *O pensamento é a consciência ou a inteligência saindo de si ("passeando") para ir colhendo, reunindo, recolhendo os dados oferecidos pela percepção, pela imaginação, pela memória, pela linguagem, e voltando a si, para considerá-los atentamente, colocá-los diante de si, observá-los intelectualmente, pesá-los, avaliá-los, retirando deles conclusões, formulando com eles idéias, conceitos, juízos, raciocínios, valores* (Chauí, 1994, p. 153).

O pensar é necessário; precisa ocorrer com as características apontadas e pode correr o risco de não acontecer a contento. Daí a atenção que a reflexão filosófica dá a essa atividade da consciência humana. Em tal atenção, muitas indicações são fornecidas, especialmente para que o processo educativo se empenhe, também, no desenvolvimento de um "pensar bem"; isto é, um pensar com algumas características que possam garanti-lo como um pensamento hábil, e não inábil. Fala-se, hoje, insistentemente, em uma "educação para o pensar", que ofereça subsídios para que os alunos "pensem por si mesmos"; ou seja, tenham um "pensamento autônomo" e, além disso, tenham um pensamento que seja *reflexivo, crítico, profundo, contextualizado e criativo*.

Vejam-se estas palavras de um pensador atual ligado à Psicologia e à Educação:

> A capacidade de pensar se desenvolve naturalmente quando se vive em um meio social adequado e é necessária para essa vida em sociedade, já que, para participar normalmente desse contexto, é preciso pensar. O que ocorre é que a capacidade de pensar, sobretudo de pensar abstratamente, pode ser desenvolvida, estimulada, aperfeiçoada, o que requer certo treinamento, e aí entra a escola e toda a educação formal. Às vezes as instituições educacionais não contribuem para o incremento da capacidade de pensar tanto quanto seria possível, o que se deve a razões de caráter social e à função que a educação tradicionalmente desempenha em nossa sociedade, que com freqüência não se preocupa com a melhoria dessa capacidade de pensar (Delval, 1997, p. 14).

Em outra obra, encontramos a proposta de uma "cultura do pensamento na sala de aula". A proposta, aí, é mais insistente no tocante a uma educação para o pensar.

> Falar em uma cultura do pensar em sala de aula é fazer referência a um ambiente de sala de aula em que várias forças — linguagem, valores, expectativas e hábitos — funcionam em conjunto no sentido de expressar e reforçar o empreendimento do bom pensar. Em uma cultura do pensar em sala de aula, o espírito do bom pensar está em todo lugar. Tem-se a sensação de que "todo mundo pensa" e de que todo mundo — incluindo o professor — está se esforçando para ser consciencioso, inquisitivo e imaginativo; e de que este tipo de comportamento encontra forte apoio no ambiente de aprendizagem (Tishman, 1999, p. 14).

Essas características do "pensar bem" merecem atenção especial por parte do professor, em sala de aula, especialmente por parte do professor de Filosofia. Trata-se de intervir de maneira pedagogicamente correta no seu desenvolvimento. Algumas idéias podem ser úteis, nesse sentido.

- **Pensamento autônomo.** Nas citações de Dewey, Kant e Lipman utilizadas e rapidamente comentadas anteriormente, neste capítulo, encontramos elementos suficientes sobre a importância e a necessidade de um pensamento autônomo. A par, e além, desses elementos, podemos acrescentar considerações oriundas da experiência em sala de aula. É freqüente, no ensino médio e no ensino superior, que alunos, quando solicitados a dizer o que pensam a respeito de um tema, passem a dizer o que pensam alguns autores, mais ou menos nestes termos: "De acordo com tal autor, é assim; de acordo com esse outro autor, é dessa forma". E assim por diante. Indagados, então, sobre o que, pessoalmente, pensam a respeito, ou ficam surpresos, ou dizem que nada pensam. Se comentamos que seria importante que tivessem um pensamento próprio a respeito, com freqüência respondem que os professores não aceitam que assim o façam. Dizem que os professores exigem que repitam idéias dos autores estudados ou que repitam idéias expostas pelo professor, em sala de aula. Talvez os professores não digam assim. Mas, na sua prática, acabam passando essa mensagem. Ou seja, nossa prática não tem sido a da estimulação, para que os alunos formem uma maneira própria de pensar os temas, partindo, é claro, também, da leitura de bons autores e do que ouvem do professor e dos próprios colegas. *Nossas aulas, por via de regra, não têm incentivado nossos alunos a serem autores de idéias.*

- **Pensamento reflexivo.** Repetiremos, aqui, e nas demais características do "pensar bem", com pequenas modificações o que foi dito no início do Capítulo

II. Ser reflexivo é ter o hábito de retomar os próprios pensamentos para os "pensar de novo", tendo em vista aprimorar, isto é, melhorar, o que já foi pensado a respeito de algo. Pensar o já pensado é o mesmo que repensar, tentar pensar o já pensado, olhando-o de novo. Em uma realidade, como a nossa, onde tudo é convite à rapidez, ao imediatismo, há que haver convites ao contrário e até exercícios que levem ao hábito da reflexão. Nas salas de aula, especialmente nas salas de aula de Filosofia, deve haver não só o incentivo à reflexão, mas também momentos especiais em que esta é praticada.

• **Pensamento crítico**: é aquele pensamento capaz de pôr em crise seus "achados". Achamos muito, mas sabemos pouco. Isso ocorre, em grande parte, porque não nos damos ao trabalho de "checar melhor", pôr em crise, problematizar, o que pensamos. Para ser críticos, porém, é necessário sermos reflexivos: temos de ser capazes e habituados a "re-ver" nossos pensamentos. Só rever, porém, não basta: é preciso rever de maneira crítica.

• **Pensamento rigoroso**: isto é, sistemático, ordenado, ao menos para aquilo que é importante, porque necessário. Todos precisamos aprender a cuidar das mediações necessárias e saber passar por elas. Somos seres mediados, isto é, resultantes de múltiplas relações. Isso vale especialmente para nossos pensamentos: quase nunca vêm de iluminações súbitas. Ou seja, é importante que o professor faça com que os alunos analisem, passo a passo, temas. Normalmente os passos são: há uma questão ou problema; há um "acho que" ou hipótese; há apresentação de razões ou de "porquês" para o "acho que"; há uma análise mais demorada dessas razões, com a busca de dados ou de argumentos para elas; e há uma conclusão, ao menos para aquele momento. Estes passos são "passagens", são caminhos que vão se emendando uns aos outros para tentar chegar a alguma conclusão relativa ao problema posto. Esses "caminhos", ou passagens que vão se emendando, são as mediações que precisamos percorrer para obter conhecimentos mais seguros e, possivelmente, verdadeiros.

Deve fazer parte do trabalho do professor de Filosofia, especialmente, o convite freqüente aos alunos para que realizem esses processos de cuidado rigoroso com seus pensamentos.

• *Pensamento radical*: isto é, disposto a não parar na superfície dos fatos, das coisas, das situações e, por conseguinte, a não parar na superfície das análises relativas a tudo. Nossas análises é que nos dão, afinal, os nossos pontos de vista: temos de ter disposição de ir, o mais profundamente possível, em busca da compreensão de qualquer coisa; temos de estar dispostos a ir às raízes, aos fundamentos. Isso é o que significa realizar um pensamento radical, que é uma das qualidades do pensamento filosófico.

• *Pensamento abrangente*: isto é, não parcial nem particularista. Todos temos de estar dispostos a ver os fatos, as situações, as coisas, por todos os ângulos possíveis, em todas as dimensões e em todos os relacionamentos possíveis. Isso significa buscar ver tudo de forma contextualizada, ver tudo como parte de totalidades cada vez mais abrangentes.

- **Pensamento criativo:** é um pensamento inventivo. Busca alternativas tanto às respostas já disponíveis que venhamos a conhecer por informações quanto às respostas produzidas por nós mesmos. Se chego a alguma conclusão, mesmo a julgando bem fundamentada em argumentos sólidos, posso propor-me pensar em conclusões alternativas e em argumentos para elas. Posso, também, pensar em levantar os problemas com formulações diferentes, experimentando, a partir daí, novas hipóteses e, então, experimentar novos argumentos. Esses exercícios desenvolvem pensamento criativo, isto é, aberto a novas possibilidades. Essa é uma forma de pensar necessária em um mundo em constante e rápidas mudanças. As concepções e a própria forma de viver das pessoas não teriam se modificado, se não tivesse havido pensadores criativos.

6. Desenvolvendo habilidades básicas de pensamento

Para que uma pessoa possa pensar da maneira acima apontada, é necessário que tenha desenvolvidas suas *habilidades de pensamento*. Entendemos, aqui, por habilidade o domínio de qualquer fazer ou de qualquer forma de atividade. Trata-se de saber fazer algo. Há vários "algo" que precisamos fazer para pensar: observar, perceber, perguntar, indagar, analisar, classificar, seriar, catalogar, sintetizar, imaginar, supor, formular hipóteses, constatar, provar, argumentar, refletir, repensar, adicionar, subtrair, multiplicar, dividir, relacionar, seqüenciar, inferir, pressupor, definir, conceituar, traduzir, contextualizar, etc. Utilizamos verbos para indicar esses processos, porque são ações ou atividades que realizamos com nossa mente ou com nossa consciência. Saber realizá-las é ter habilidade para tanto. Parece consenso afirmar que todas as pessoas sabem fazer essas atividades mentais, ou atividades de pensamento. Entretanto, parece consenso também afirmar que nem todas as realizam bem, especialmente quando precisam articulá-las para produzir um pensamento claro, objetivo, seguro, profundo, consistente, etc. Daí as propostas de que sejam desenvolvidas as habilidades de pensamento. É comum, hoje, a afirmação de que é necessária uma educação para o pensar. Na verdade, o que se propõe é que haja uma educação para o pensar bem, já que se constata que há muitas pessoas que não pensam bem, isto é, com as características já apontadas. Partilhamos dessa convicção e propomos que os professores de modo geral, e os de Filosofia, em especial, sejam estimuladores do "pensar bem" de seus alunos, auxiliando-os de várias maneiras. Uma delas é a de favorecer, em suas aulas, o desenvolvimento das habilidades de pensamento.

O que apresentaremos, a seguir, é uma maneira de abordar o tema das habilidades de pensamento baseada nas idéias e propostas de Matthew Lipman e, em especial, no que está contido em seu livro: *O pensar na educação*.

Lipman alinha-se aos que sustentam que *"o fortalecimento do pensar na criança deveria ser a principal atividade das escolas e não somente uma conseqüência casual"* (1995, p. 11).

Isso significa afirmar que não se deve supor que, apenas trabalhando os conteúdos das várias disciplinas, automaticamente o pensar dos alunos vai ser desenvolvido e fortalecido. Significa, também, afirmar que é preciso oferecer atividades voltadas intencionalmente ao cultivo do "pensar bem".

Para ele, pensar é o processo de descobrir relações (pois tudo é resultado de múltiplas relações) e é, também, o processo de criar ou imaginar novas relações, se se deseja um real diverso do que aí está. "*Pensar é fazer associações e pensar criativamente é fazer associações novas e diferentes*" (idem, p. 140).

Afirmar isso é afirmar, primeiro, que pensar é o processo de descobrir relações existentes na realidade e de representá-las em nossa consciência: isso nos permite atinar com os significados ou os sentidos que, de alguma forma, estão dados na realidade.

Essa não é uma tarefa fácil (embora, necessária), visto que a realidade é complexa em suas relações e inter-relações. Mas a única forma de apreender o seu sentido é estar apreendendo as relações que a constituem. E, se essas relações são dinâmicas, isto é, estão sempre se refazendo e se modificando, o nosso pensamento precisa saber estar atento e ser competente para apreendê-las nesse seu dinamismo.

Afirmar isso, em segundo lugar, é afirmar também uma possibilidade especial do pensar: a de produzir ou criar novas relações e, portanto, a de os seres humanos poderem produzir novas significações ou sentidos para a realidade e, por conseguinte, para suas vidas, visto que fazem parte do processar-se da realidade e, nela, podem ser agentes transformadores.

A forma pela qual os seres humanos concretizam sentidos ou direções na realidade é sempre sua prática, sua ação. Ao mesmo tempo em que agem e pensam reflexivamente seu agir, os seres humanos representam as relações aí implicadas e podem estar representando, intelectualmente, novas relações. Tanto as relações percebidas quanto as relações criadas ou construídas são trabalhadas na consciência como indicadoras das direções (sentidos) da prática humana. Dewey diria: "reconstruídas" porque "re-arranjadas" na consciência que busca indicar "re-arranjos" na realidade a ser buscados pela ação.

A ação tem, como componente importante e necessário, o processo do pensar. Não é apenas o pensar que determina a ação, mas o pensar é um dos determinantes da ação, pois produz sentidos, direções, significações na e para a ação. Daí a necessidade de que o pensar seja "bem produzido", quer dizer, seja construído com rigor, sistematização, profundidade, com "examinação" constante e com disposição a revisões (autocorreção) e que leve em conta as várias situações em sua globalidade e, dentro de cada realidade situacional, as relações dadas e as possíveis.

Um pensar assim, para Lipman, é um "pensar bem", um pensar de ordem superior, que é crítico e criativo.

O pensar de ordem superior, crítico e criativo, supõe a utilização coordenada e integrada do que Lipman denomina *habilidades de pensamento,* que, quando assim utilizadas, em função de cada contexto situacional problemático, demonstram *competência no pensar bem.*

Um jogo, uma brincadeira são sempre contextos situacionais problemáticos, que desafiam o uso integrado de várias habilidades, incluindo nelas habilidades cognitivas. Um assunto, em uma aula de História, de Geografia, de Física, de Literatura, de Biologia, etc., pode ser um contexto situacional problemático. Uma história infantil, também.

Para facilitar a identificação e compreensão de algumas das habilidades cognitivas, apresentamos, a seguir, quatro grupos nos quais Lipman as reúne, bem como algumas indicações de trabalho com elas.

Lipman chama esses quatro grupos de *mega-habilidades* e alerta para o fato de que *as habilidades sempre ocorrem de forma integrada* em cada contexto ou situação problemática em que são exigidas. Daí, segundo ele, que não é o caso de oferecer, aos alunos, "treinos" relativos a cada habilidade, e sim contextos situacionais problemáticos nos quais as habilidades são exigidas integradamente. O educador deve saber identificar as habilidades que estão sendo exigidas em cada situação, identificar seu emprego integrado e ser capaz de oferecer mediação educacional no sentido de estimular o desenvolvimento delas e seu emprego cada vez mais competente.

1º Grupo: Habilidades de investigação

Investigação é busca. É busca de soluções. É busca de saber como é, de saber como ocorre, de saber como se faz, de saber como se resolve um problema. É busca de explicações e é busca, também, de como fazer. É busca de saber como repetir o fazer, mas pode ser busca de saber como fazer diferente, de preferência para fazer melhor. Investigar é pesquisar. É procurar dar-se conta das relações que produzem determinado fato, objeto ou situação; é procurar novas relações tendo em vista novos fatos, novos objetos ou novas situações. Pode ser, também, uma busca de saber como produzir, de maneira diferente e possivelmente melhor, os mesmos fatos, objetos ou situações. Tudo isso exige pensamento crítico e criativo. Isso exige, também, interesse pelos outros, cuidado com o bem-estar dos outros, respeito, solidariedade, "bem-querença" pelos outros e por si mesmo. Lipman chama essas últimas qualidades do "pensar bem" de pensamento cuidadoso, de pensamento com elementos éticos.

Para ter competência em tal processo de investigação, são necessárias, no mínimo, as seguintes habilidades cognitivas:

A habilidade de observar bem

Observamos utilizando nossos cinco sentidos (que chamamos de sentidos externos) e com nossas capacidades de sensações internas. Sentimos sons com nossa audição, odores com nosso olfato, gostos com nosso paladar, texturas, calor, frio, dureza, macio, resistência física, etc., com nosso tato, luminosidade, figuras, formas, cores, perspectivas, etc., com nossa visão. Sentimos nossas afeições, nossas emoções, nossos desejos, os desejos dos outros, suas afeições, suas emoções, etc.

Não só: sentimos tudo isso com uma orientação já dada pelo nosso cultural, por uma forma de interpretar que vamos construindo em nós mesmos a começar de muitos conceitos ou "pré-conceitos" que vamos formando com base em nossas relações, no meio em que vivemos.

É a partir daí, organizando e coordenando todos esses dados, que constituímos nossas percepções e nossos conhecimentos.

Observar é dar-se conta dos elementos e das relações que estão envolvidos em uma situação e é, também, dar-se conta de possíveis novos elementos e de possíveis novas relações que possam aí entrar, tendo em vista, principalmente, resolver impasses, dificuldades ou problemas que aí se apresentem.

Observar é dar-se conta dos elementos e das relações que produzem determinada situação, fato ou objeto. Observar criativamente é dar-se conta de possíveis novas relações em determinada situação, fato ou objeto.

Essa é uma habilidade que todos temos. Mas é possível desenvolvê-la mais e melhor, estimulando seu emprego em determinadas situações. Pense-se como é possível estimulá-la em jogos e brincadeiras. Pense-se, por exemplo, em quanto é necessário observar para identificar o que fazer para um jogo "dar certo", para que se possa participar bem no jogo, para encadear as ações adequadamente, para perceber os lances necessários, para utilizar materiais pertinentes, para posicionar-se, posicionar ou empregar elementos necessários ao jogo, etc.

E quando as crianças e os jovens não observam bem, o que se deve fazer? Com certeza, o "educador mediador" deve oferecer sua ajuda educacional, estimulando, dando "dicas", provocando o educando, estimulando-o além da estimulação própria da situação de jogo.

Afinal, nesses casos, estamos utilizando os jogos e as brincadeiras, não por si mesmos, mas com intenção educacional voltada ao desenvolvimento de certas habilidades!...

Pense-se, também, como é possível estimular a observação nas conversas após a leitura de uma história, ou após a leitura de um texto de Geografia, História ou Ciências. Nesses casos, pode-se pedir às crianças que se lembrem de certas passagens e digam se já observaram algo, na sua realidade, que seja igual, semelhante, diferente ou o contrário, etc. Pode-se pedir-lhes que, para outro dia, tragam resultados de suas observações relativas a algo lido ou relatado na escola: observações de situações iguais, diferentes, contrárias, etc. Ou que observem objetos, pessoas, animais ou lugares, etc. citados nas histórias ou nas aulas e relatem os aspectos deles, comparando com a idéia que tiveram quando da leitura de certas passagens, e digam se já observaram algo, em sua realidade, que seja igual ou semelhante, diferente ou o contrário, etc.

A habilidade de saber formular questões ou perguntas substantivas

Com base nas observações, somos levados a indagar, a perguntar. Há sempre algo que desperta nossa curiosidade, especialmente em situações embaraçosas.

Perguntar, todos sabemos fazê-lo. O que nem sempre fazemos é formular "perguntas boas", isto é, perguntas que desafiam nosso esforço de indagação, de busca pela resposta ou pela solução. Quantas vezes ouvimos alguém dizer: "Mas que pergunta boba!"

"Perguntas bobas" talvez sejam perguntas que não nos impulsionam para saber mais: tanto para saber mais explicações quanto para saber melhor como fazer.

Trata-se de desenvolver a capacidade de formular perguntas substantivas, perguntas que tenham tal conteúdo de interesse investigativo que nos impulsionem à busca de soluções pela importância delas nas situações em que estamos envolvidos.

Após, por exemplo, o relato de uma história ou após a leitura de um texto, pode-se pedir aos alunos que apresentem perguntas que a história ou o texto os fizeram pensar. Qualquer pergunta, podemos dizer. Assim que o primeiro aluno apresentar uma pergunta, reforçá-la e pedir a todos que não a esqueçam, pois o grupo tentará ajudar aquele ou aquela colega a obter resposta a ela. Antes, porém, o grupo esperará por outras perguntas. Elas surgirão, com certeza. É interessante pôr as perguntas na lousa e, à frente de cada uma, escrever o nome de seus autores. Após obter um grupo de questões, pode-se lê-las e pedir aos alunos que tentem pensar quais perguntas podem estar juntas, porque estão indagando a respeito de um mesmo tema ou de um tema parecido. Tais agrupamentos de questões podem ensejar uma boa conversa investigativa na busca de resolvê-las.

Certos temas em Filosofia, História, Geografia, Ciências, Literatura, etc., podem ser assim trabalhados; exercitando-se na formulação de perguntas, os alunos estarão indicando o que do tema mais lhes chamou a atenção.

Nas mais diversas situações, os envolvidos nem sempre sabem tudo o que é para fazer e nem sempre entendem tudo. Cabe-lhes o direito de perguntar. Que o façam, portanto. Tal possibilidade nem sempre é deixada clara. Cabe ao educador que "co-ordena" as atividades em sala de aula indicar que é possível perguntar e, ao perceber as perguntas, avaliar se são perguntas "inteligentes", substantivas, pertinentes, etc.

E se não o forem? Cabe-lhe sugerir que as perguntas sejam refeitas; cabe-lhe perguntar o porquê de tal pergunta, o que deve ser feito de modo que leve quem a fez a retomá-la e reformulá-la, transformando-a em uma "boa pergunta", isto é, em uma pergunta que seja indicativa de um possível caminho para a solução de sua dúvida.

Não só isso: terminada a atividade, os participantes podem fazer uma avaliação, de modo que todos possam apresentar perguntas sobre a qualidade da própria atividade, sobre a qualidade da participação do grupo, sobre as possibilidades de a atividade ser realizada de maneira melhor ou diferente.

O perguntar é o grande passo inicial de uma boa pesquisa e só é "precedido" pela observação. Assim mesmo, ambos estão, de fato, sempre juntos e integrados. Mas, com certeza, sem boas perguntas não há mobilização do esforço de investigar.

A habilidade de saber formular hipóteses

Saber formular hipóteses é o mesmo que saber pensar respostas possíveis às questões ou perguntas que temos ou que os outros nos propõem. É ser capaz de imaginar ou supor possíveis respostas.

Saber pensar respostas *possíveis ou plausíveis*: isso significa ser capaz de pensar respostas ou soluções que tenham alguma chance ou possibilidade de ser respostas que vão resolver as questões ou os problemas postos. E tais respostas possíveis são possíveis porque têm algo, ou muito, a ver com o contexto, com os dados de que se dispõe, com os resultados que são desejados, etc.

As hipóteses não plausíveis são hipóteses descabidas: não cabem, nem de longe, naquela situação. Não indicam nada a fazer.

Para que alguém seja capaz de formular boas hipóteses, é necessário que seja capaz de *imaginar*, de *supor*, de *criar alternativas*, de *inventar*, etc.

Tudo isso está diretamente ligado ao *pensamento criativo*, uma das competências muito exigidas, hoje, de todos nós, para podermos nos orientar melhor em uma época de tantas mudanças, de tantos desafios novos, para os quais não temos nem receitas prontas nem regras definitivas.

As mais diversas aulas de nossas escolas seriam muito mais interessantes se, com base em questões inteligentemente provocadas por textos, histórias, brincadeiras, etc., os alunos fossem estimulados a pensar, eles próprios, as respostas ou as soluções. E mais: se fossem estimulados a avaliar tais soluções ou respostas possíveis (as hipóteses) quanto à sua "chance" ou plausibilidade de serem boas respostas. Avaliadas como plausíveis, o passo seguinte será sempre o da busca da comprovação, que é a habilidade a ser comentada a seguir.

Brincadeiras, jogos, atividades as mais diversas, capazes de provocar o emprego de todas essas habilidades e que permitam ao educador observar tal emprego, avaliá-lo e "intervir educacionalmente", visando favorecer o desenvolvimento destas, podem ser excelentes recursos no contexto educacional.

A habilidade de saber buscar comprovações

A segurança de nossos saberes depende de quanto são comprovados. E é importante que o sejam, pois nós os utilizamos para explicações, justificativas e para orientar nossas formas de agir.

Saber buscar comprovações para nossas afirmações é habilidade que pode ser desenvolvida quando somos estimulados à *verificação* e *averiguação* dos fatos, à *argumentação* e *experimentação*, à *constatação* e *exemplificação*, etc.

O não aceitar afirmações gratuitas, isto é, que não paguem o preço de alguma comprovação, é atitude que força o interlocutor a ir em busca da prova. No âmbito educacional, *o educador deve ser esse "cobrador de argumentos ou de provas"*. Essa é uma mediação importante: não apenas ao "cobrar" provas, mas também no indicar ou sugerir caminhos e meios pelos quais as provas podem ser encontradas.

Todas as situações citadas como oportunas ao desenvolvimento da habilidade de formular hipóteses são igualmente oportunas ao desenvolvimento da habilidade de saber comprovar.

Nas mais diversas situações, há sempre desafios que pedem hipóteses e, a seguir, ação em decorrência disso. Um bom procedimento pode ser o de pedir à criança ou ao jovem que pense cuidadosamente sobre os argumentos que tem para se deixar guiar por essa ou aquela hipótese. Que pense em situações em que seu "eu acho" ou hipótese foi ou não comprovado, por exemplo, por alguma prática.

Mas que verifique não só comprovações pela prática, mas também se houve comprovações por argumentos: há que aprender a comprovar por bons argumentos, por "boas razões", como diz Lipman. Há que ser feito sempre um trabalho na busca e no aprendizado da consistência dos argumentos que possamos oferecer para nossas afirmações. Um bom caminho é mostrar como bons autores, especialmente filósofos, fazem isso em seus textos. Fazer com que os alunos identifiquem os argumentos e que procedam a uma avaliação destes.

Tal procedimento é mais fácil com alunos veteranos. Contudo, é possível realizá-lo com crianças pequenas. Por exemplo, identificando argumentos de personagens em histórias e conversando com elas para avaliar se os argumentos, de um ou de outro personagem, foram bons, ou não, e por quê. Pode-se, também, nas conversas, prestar atenção nas razões ou argumentos e analisar se são bons ou não.

A habilidade, ou melhor ainda, a disposição à autocorreção

Uma vez avaliado que o caminho percorrido não comprovou o que foi afirmado ou o que foi imaginado, tem-se um desmentido da hipótese. Pode ter havido equívocos ou enganos tanto na afirmação inicial, na hipótese, quanto nos procedimentos de prova. É fundamental ter disposição à autocorreção; esse é um excelente caminho para a sabedoria. É o que se chama de "aprender com o erro". Nesse sentido, essa é uma habilidade importante.

Trabalhar, nas brincadeiras e nos jogos, "o que não deu certo" e, principalmente, as razões pelas quais algo não deu certo pode habituar crianças e jovens a buscar aprendizagens com base nos erros e pode criar neles a disposição saudável à autocorreção.

O mesmo pode-se dizer a respeito do que ocorre nas aulas de Filosofia, Matemática, Língua Portuguesa, História, Geografia e outras.

As "conversas organizadas" em torno de um tema, para obter ou construir coletivamente esclarecimentos a seu respeito ou para resolver questões (conversas a que chamamos diálogos investigativos), são excelentes oportunidades para o exercício da autocorreção. Alguém afirma algo e apresenta suas razões. Outro afirma diferente ou o contrário e apresenta também suas razões. O professor "co-ordenador" do diálogo solicita que os participantes do grupo prestem atenção nas afirmações e nos argumentos e que manifestem sua concordância, ou não, com uma das posições e digam o porquê. É possível que uma das posições se mostre mais verdadeira: alguém será convidado a rever seu modo de pensar. É possível também que ambas as posições se mostrem frágeis ou equivocadas: seus defensores serão levados a alterá-las ou mesmo a abandoná-las.

Tal processo reforça o hábito de nada aceitar sem prova, além de desenvolver a atitude saudável da disposição à autocorreção, quando os argumentos apontam em tal direção.

2º Grupo: Habilidades de raciocínio

Raciocínio é um processo de pensar pelo qual conseguimos obter novas informações com base em certas informações que já temos. Ou, também: *o processo do pensar pelo qual conseguimos obter novos conhecimentos com base em conhecimentos que já temos e com base em certas relações que estabelecemos entre tais conhecimentos.*

Esse processo de pensar, pelo qual "tiramos" ou obtemos novas informações "de dentro" das relações de informações anteriores, chama-se processo de inferência. Nós "tiramos" ou inferimos conclusões (que são as novas informações) com base em algo já posto como sabido antes e com base em relações que estabelecemos entre elementos desse algo já sabido. O que está posto, como sabido antes, é chamado de premissa ("pre-missa" significa "pré-posto", isto é, afirmações já postas antes, porque já sabidas).

Raciocinar, portanto, é o processo de "tirar" ou inferir conclusões, pensando. É processo realizado com muita freqüência em nosso dia-a-dia que até por crianças de 4 anos, ou ainda menos. Veja-se esse exemplo relatado por uma professora, com base na conversa de uma menina de 4 anos com sua avó, por telefone.

Menina: — Vovó, meu irmão está muito triste porque minha mãe jogou todos os seus brinquedos no lixo.

Avó: — Mas que coisa! Está bem! Quando seu avô chegar, iremos até aí e vamos trazer seu irmão para morar conosco.

Menina: — Vovó, sabe de uma coisa também? A minha mãe jogou todas as minhas bonecas no lixo!...

É fácil averiguar, nesse caso, como a menina foi capaz de "tirar" (inferir) uma conclusão rapidamente com base na resposta "posta" pela avó. O processo do seu pensamento (não dito nas palavras, mas nelas implicado) foi o seguinte: se minha avó vai levar meu irmão para morar com ela porque minha mãe jogou seus brinquedos no lixo, então, se eu lhe disser que minha mãe fez o mesmo com minhas bonecas, ela me levará, também, para morar com ela.

Na verdade, quando utilizamos palavras para expressar essa forma de pensamento, o que temos é um argumento: o raciocínio é o processo mental, e o argumento é este processo enquanto falado. Não é possível separar um do outro. Os dois ocorrem juntos. E é por isso que podemos observar a ocorrência de raciocínios/argumentos nas crianças, jovens e adultos. Ao utilizarem as palavras "então" e suas similares (como portanto, por isso, logo e outras), podemos perceber que estão raciocinando/argumentando.

E aí entra nosso papel de educadores com vontade de ajudar crianças e jovens a pensar melhor: podemos avaliar se o raciocínio/argumento foi *válido* ou *não válido*. Isto é, podemos avaliar se a conclusão inferida cabe ou não na relação estabelecida entre as informações anteriores e entre elas e a própria conclusão. Podemos avaliar se a conclusão é cabível ou descabida. Se cabe ou não cabe; se decorre ou não decorre das relações estabelecidas.

Constatando que o raciocínio/argumento não foi válido, podemos pedir que a criança e o jovem explicitem melhor como chegaram a tal conclusão, provocando-os, ao mesmo tempo, para que avaliem se tal conclusão procede ou não procede, se cabe ou não cabe, etc. Teremos, obviamente, de auxiliar nessa avaliação e auxiliar quanto à melhor forma de estabelecer as relações entre as premissas, o que implica auxiliar na avaliação do que cada premissa está afirmando ou não afirmando, etc.

Auxiliar em tudo isso é estar auxiliando no desenvolvimento de habilidades que favorecem o desempenho de raciocinar bem ou de argumentar bem. Tais habilidades são várias, mas, talvez, as mais urgentes a serem "cuidadas" educacionalmente sejam estas:

- *Ser capaz de produzir bons juízos*; quer dizer, *ser capaz de produzir afirmações bem sustentadas por boas razões*. Um bom caminho para a produção de bons juízos/boas afirmações é o da realização de boas investigações. As habilidades necessárias para tal foram indicadas acima.

- *Ser capaz de estabelecer relações adequadas entre idéias e, especialmente, entre juízos*. Temos de estimular crianças e jovens a estabelecer os mais variados tipos de relações entre coisas e coisas, fatos e fatos, situações e situações, e, sobretudo, a estabelecer relações entre idéias, relatando-as de outro modo. Os tipos de relações possíveis são os mais variados: relações de grau (maior, menor, por exemplo); relações de igualdade, de semelhança, de diferença; relações parte/todo; relações de causa/efeito; relações espaciais; relações temporais; relações de gênero; relações de número; relações sociais; relações semânticas; relações sintáticas; relações de transitividade; relações de reciprocidade; etc. Não só: temos de incentivar nossos educandos a pensar relações novas, relações não existentes, mas possíveis (hipotéticas). Os jogos e as brincadeiras são fertilíssimos em desafios, tanto para a constatação de relações que estão dadas (e nem sempre tão "visíveis") quanto para imaginar, supor, tentar, testar novas relações. O mesmo se pode dizer de certos textos.

Convém lembrar, aqui, a afirmação de Lipman, já citada anteriormente: *"Pensar é fazer associações e pensar criativamente é fazer associações novas e diferentes"*. Isso deve ser estimulado.

É importante, também, estimular o estabelecimento de relações entre afirmações ou juízos: dispondo de duas, três ou mais afirmações, verificar se têm alguma relação entre si. Se tiverem, perguntar se é possível, a partir daí, pensar ou afirmar outra coisa que daí decorra.

As atividades de associar palavras com palavras, frases com frases, são muito úteis nesse sentido, especialmente quando se pede que as crianças e os jovens digam a razão pela qual estão associando palavras ou frases entre si.

Nesse sentido, são úteis, também, as brincadeiras que exigem associações ou relações de coisas com coisas, de fatos com fatos, de situações com situações, etc.

Nas atividades de leitura e interpretação de textos, seja com literatura infantil, seja com textos nas aulas de Filosofia, de Língua Portuguesa ou das mais diversas disciplinas, é importante pedir que os alunos estabeleçam relações entre os vários textos ou entre passagens deles.

- *Ser capaz de inferir*, isto é, de "tirar" conclusões. Essa é a habilidade básica que permite o raciocinar. Já comentamos o suficiente a seu respeito. Pense-se em todas as situações nas quais é exigido que se "tirem conclusões" ou que sejam feitas inferências. É fundamental que, nessas situações, não se perca a ocasião de avaliar a validade ou não da inferência feita e de propor novos exercícios, para que essa atividade seja reforçada. É importante, nessas atividades, auxiliar o aluno com "dicas", indicações, mas *nunca inferir por ele: afinal, é ele quem precisa aprender a inferir cada vez melhor.*

Pode-se pedir que os alunos estejam atentos às conclusões uns dos outros. Quando os próprios alunos estão empenhados em "prestar atenção" nas próprias conclusões e em avaliar se elas procedem ou não, eles se tornam "professores" uns dos outros. Na verdade, tornam-se mediadores educacionais de si mesmos. E, aí, todos aprendem muito mais.

• Há outra habilidade muito útil, tanto para a vida quanto para o desenvolvimento do raciocínio: trata-se da habilidade de *identificar ou perceber pressuposições subjacentes*. Trata-se de ser capaz de "ler nas entrelinhas" ou de inferir o que está "sendo dito", de forma "mais ou menos escondida", quando se afirma algo.

Veja-se esta afirmação: A preguiça, o descaso, a falta de vontade não geram riquezas. Daí a presença de tantos pobres em nossa sociedade.

Estaria, aqui, sendo afirmado que pobre é pobre, sempre, porque é preguiçoso, não tem vontade, não é cuidadoso? Pode-se inferir isso do que está sendo afirmado?

É possível fazer muitos exercícios, buscando o que está implícito, ao trabalhar com textos de diversos filósofos, com textos das mais variadas obras literárias, com textos das diversas disciplinas curriculares e com as afirmações dos próprios alunos.

O importante é que todo professor se convença de que, hoje, não basta "dar conta do conteúdo" de sua área ou que é suficiente realizar alguma atividade programada: ele precisa estar atento aos desempenhos cognitivos de seus alunos e precisa saber ajudá-los a melhorar tal desempenho.

3º GRUPO: HABILIDADES DE FORMAÇÃO DE CONCEITOS

Conceito é uma explicação intelectual de algo. É uma construção de nosso pensamento, na qual coisas, fatos, situações são descritos, são "entendidos" nas características e nas relações necessárias que os compõem, permitindo-nos uma compreensão de sua natureza. Um conceito é sempre uma organização de informações em uma idéia que pode ser expressa por uma palavra, por um conjunto de palavras, por esquemas, etc. Diz Lipman que um conceito é um conjunto de informações relacionadas entre si que formam um sentido, um significado.

Pense-se, por exemplo, na palavra mesa. Se dominamos ou compreendemos o significado que essa palavra expressa, é sinal de que somos capazes de "ver" um conjunto de aspectos essenciais que, reunidos e interligados de certa forma, nos dão a idéia, o conceito do que constitui uma mesa. Um conjunto significativo é construído ou produzido em nós e por nós, mediados pelo mundo do qual fazemos parte.

Podemos formar conceitos com base em nossas relações diretas com as coisas, objetos, situações, fatos, etc., dentro de contextos situacionais culturais de uso e de significação; podemos formar, também, conceitos sem estarmos em relação direta com tais objetos. Nessa segunda situação, estão os conceitos que formamos, por exemplo, por meio da linguagem. Os outros contam, dizem ou nos explicam as características de certas coisas e nós as vamos apreendendo em suas inter-relações significativas.

A posse de conceitos é o que nos permite articulá-los em nosso processo do pensar: seja na forma de juízos, seja na forma de encadeamentos desses juízos, como em explanações discursivas ou em raciocínios/argumentos.

Na verdade, pensar é articular idéias ou conceitos. Isso significa dizer que pensar é estabelecer relações entre idéias: reproduzindo relações já existentes ou criando novas relações.

Daí podermos afirmar que, para pensar, para articular nossos argumentos, precisamos de seus ingredientes básicos, que são os conceitos, as idéias.

Uma das principais tarefas da educação de crianças e jovens é esta: ajudá-los a formar muitos e variados conceitos em suas mentes. Uma mente pobre de conceitos tem poucas chances de articular compreensão significativa e rica a respeito da realidade existente e de qualquer realidade desejável.

Muitas vezes, no processo educacional, pomos as crianças e os jovens em contato com muitas palavras, mas não os provocamos para que explicitem os significados delas. Tornam-se leitores de palavras, mas não de seus significados e, portanto, não conseguem ler o mundo por meio das palavras. Ou seja, as palavras, que já carregam significados ou conceitos, não lhes servem de veículo para a formação, neles próprios, dos necessários conceitos. Nem mesmo nos preocupamos em estimular os educandos para que nunca deixem de perguntar pelo significado que desconheçam de qualquer palavra.

O trabalho com as palavras é um bom caminho para desenvolver habilidades que auxiliam na formação de conceitos (sem a necessidade de contato direto com o objeto ou coisa). É importante, também, o trabalho com objetos conhecidos ou desconhecidos, quando se pede sua caracterização, isto é, a descrição das qualidades (e de suas inter-relações) que fazem com que o objeto seja ele mesmo e não outro, "deixando de lado" as qualidades que não são essenciais para configurá-lo como tal. Tais habilidades a serem desenvolvidas são:

• habilidade de *explicar, ou desdobrar, o significado de qualquer palavra*;

• a habilidade de *analisar, esmiuçar elementos que compõem um conceito qualquer e, em seguida, sintetizar, unir de novo tais elementos, reconstituindo o conceito*;

• a habilidade de *buscar significados de palavras em fontes como dicionários, enciclopédias, pessoas e de adequar os significados encontrados ao contexto* em que tais palavras estão sendo utilizadas;

• habilidade de *observar características essenciais para que algo possa ser identificado como tal;*

• habilidade de *definir*, isto é, de ser capaz de dizer o que algo é e que o torna inconfundível.

Nos mais variados textos utilizados nas escolas, há sempre palavras novas cujos significados podem ser explicitados e incorporados. Muitas palavras têm seus significados (conceitos) totalmente desconhecidos dos alunos. Quando não se faz, intencionalmente, o esforço de formação/aquisição desses conceitos, todo o trabalho de ensino/aprendizagem fica prejudicado, se não nulo.

Os alunos devem ser habituados a perguntar pelo significado que desconheçam de toda e qualquer palavra. Mesmo que isso, no início, gere "demoras" que pareçam inúteis no desenvolvimento dos "programas". Tais demoras nunca são inúteis: elas são a garantia de aprendizado e de mais rapidez no processo, mais à frente.

4º Grupo: Habilidades de tradução

Traduzir é conseguir dizer algo que está dito com certas palavras, ou de certa forma, por meio de outras palavras, ou por meio de outras formas, mantendo o mesmo significado. Diz Lipman que isso é o que ocorre nas boas traduções de uma língua para outra. Mas não só: isso ocorre, também, quando procuramos dizer, com nossas próprias palavras (ou por outros meios), algo que alguém disse, escreveu ou expressou por mímica, desenho, etc., mantendo o significado.

Tais desempenhos envolvem habilidades de *interpretar, parafrasear, analisar e todas as habilidades relacionadas à formação de conceitos.*

Muitas brincadeiras e jogos exigem essas habilidades e devem ser aproveitados em tal direção. Pense-se nas brincadeiras de "faz de conta", nas brincadeiras de repetir o que o outro disse, nas brincadeiras de interpretação de mímicas, nas brincadeiras de representar por desenhos uma frase, um conto, uma música, etc.

As atividades de leitura e interpretação de textos têm esse objetivo (ou devem tê-lo). O mesmo objetivo devem ter as atividades nas quais se pede que os alunos digam o que certo autor disse. Nessas atividades, muitos alunos apenas copiam as palavras do autor. Não estão fazendo uma "tradução". Tal situação não pode ser mais admitida, sob pena de privarmos nossos alunos de uma habilidade fundamental em suas vidas.

Aqui é fácil perceber quanto a utilização de textos, nas aulas de Filosofia, pode auxiliar no desenvolvimento dessas habilidades.

Hoje, vestibulares e concursos trazem inúmeras questões que, para ser respondidas, exigem que os estudantes as traduzam: se o fazem, encontram nelas as respostas às questões ou pistas importantes para tal.

Contudo, não apenas nos vestibulares e nos concursos precisamos de habilidades de tradução. Em quantas situações de vida precisamos ser capazes de "traduzir" mensagens!... Nossos alunos têm o direito de ser capazes de fazê-lo, e nossa obrigação é prepará-los para isso.

Observações necessárias

As habilidades de pensamento não são utilizadas, por nós, uma de cada vez. São utilizadas em grupos e de forma articulada e integrada. Não todas de uma vez, mas em agrupamentos de habilidades, dependendo dos desafios de cada situação em que estejamos envolvidos. São tanto mais bem desenvolvidas, quanto mais estejamos em situações nas quais sejam solicitadas em agrupamentos. Nessas situações, nós as desenvolvemos uma a uma e, ao mesmo tempo, aprendemos a articulá-las integradamente. *Neste caso, competência seria isso: ter as habilidades bem desenvolvidas e ser capaz de articulá-las integradamente e de acordo com as necessidades de cada situação.* Proporcionar situações nas quais elas sejam solicitadas integradamente é o primeiro passo para seu desenvolvimento e para o desenvolvimento da competência de empregá-las adequadamente.

Um exemplo pode ilustrar o que estamos dizendo: o jogo de basquetebol. Para jogá-lo bem, para ser competente nesse jogo, são necessárias muitas habilidades. Por exemplo, ser capaz de arremessar bem a bola à cesta; ser capaz de deslocar-se na quadra para várias finalidades; ser capaz de impulsão; etc. Uma pessoa que faz muitos treinos de cada habilidade durante muitos anos não se tornará um bom jogador de basquete. Para isso, ela precisará estar jogando basquete e, durante cada situação de jogo, estar aprendendo a utilizar adequadamente todas essas habilidades.

Isso não quer dizer que não possa haver exercícios particulares para cada habilidade. Obviamente que isso pode e deve ser feito. Todavia, o melhor lugar para aprender a utilizar as habilidades, integradamente e de acordo com cada situação, é no próprio desenvolvimento dos vários jogos.

Assim ocorre com as habilidades de pensamento. São sempre exigidas nas mais diversas situações: nas conversas organizadas em sala de aula, nos debates, nos momentos de produzir um trabalho escrito, nos jogos, nas brincadeiras, no momento de uma peça teatral, na hora de fazer uma entrevista, etc.

Nesses momentos, muito importante é o papel do professor, que deve observar o desempenho dos alunos e verificar se as habilidades estão disponíveis a contento e se estão sendo empregadas de maneira adequada. Caso note deficiências em determinada habilidade, deve pensar exercitações específicas para cada uma delas. Tais exercitações, de preferência, devem estar ligadas ao contexto no qual são exigidas.

7. "Intervenção" educacional devida

Trata-se de uma idéia importante que faz parte dos elementos básicos dessa proposta, mencionados no início desse item. Partimos da convicção de que todo ser humano só se torna humano na "pista" de outros seres humanos: isto é, as pessoas tornam-se pessoas, de alguma forma, nas relações que estabelecem com outras pessoas, além das relações que estabelecem com a natureza e com o ambiente cultural geral do qual participam. Não é só isso: tais relações "relacionam-se entre si", configuram-se mutuamente, determinam-se mutuamente e configuram e determinam, de alguma maneira, o modo de ser das pessoas. Os seres humanos são seres de relações e *se fazem* humanos nas múltiplas relações *que estabelecem* e nas quais estão envolvidos.

As duas expressões em destaque são fundamentais: *os seres humanos se fazem nas relações que estabelecem*. Além de estarem envolvidos em múltiplas relações, os seres humanos podem escolher ou selecionar relações. E mais: não são as relações que nos determinam mecanicamente. Não são elas que nos fazem. *Nós é que nos fazemos*, de alguma maneira, nelas. Nós nos fazemos de uma maneira original, própria, pessoal, dentro dessas relações. Sem elas não nos tornamos humanos. Contudo, sem uma maneira própria de interagir com elas e nelas, não nos tornamos nós mesmos, identificados como esta ou aquela pessoa e não outra. Nossa subjetividade, ainda que tributária das relações dadas e, também, escolhidas, é uma produção nossa.

Há uma relação de troca constante entre o nosso "eu próprio" e as relações de dentro das quais emergimos. Essa relação é dialética à medida que nem eu nem o ambiente relacional de que faço parte permanecemos sempre os mesmos: à medida que cada um vai sendo, o outro se modifica por este vir a ser constante de cada um. Há sempre uma intervenção do eu de cada um no conjunto das relações (no ambiente, podemos dizer) e uma intervenção do conjunto dessas relações em cada eu. Em toda relação, há intervenção de um pólo da relação sobre o outro pólo e vice-versa. Toda relação é interação. Pode até haver a acolhida ou a repulsa da intervenção: em qualquer dos dois casos, porém, a marca da intervenção relacional ficará.

A ação educativa é sempre uma relação. É sempre uma interação. Nela há sempre uma intervenção que deixará sua marca, tendo sido acolhida ou não por qualquer um dos pólos da relação.

No caso da relação professor-aluno, por ser uma interação, há sempre intervenções de ambos os lados: o professor oferece uma intervenção e os alunos oferecem suas intervenções ao professor. Ambos os lados deixam marcas um no outro. Se a intervenção não é acolhida, a marca pode ser a repulsa, a mágoa, o desprazer; pode ser atitudes de fuga, raiva; pode ser o desejo de não repetir a relação; etc. Se a intervenção for acolhida, algum resultado diferente ou a mais, dos que acima foram apontados, pode ocorrer. Mesmo havendo, por exemplo, um desprazer na relação, pode haver uma acolhida de alguma influência para que se faça algo que não se sabia fazer ou para fazer algo de forma diferente. Mesmo havendo raiva, pode-se acolher a intervenção para pensar de forma diferente.

Porém, se houver prazer na relação, se houver simpatia, é possível que certas intervenções sejam acolhidas de maneira ainda mais intensa e provoquem mudanças mais significativas. Pode, também, haver prazer e simpatia, e uma intervenção não ser acolhida.

Essas considerações indicam-nos várias coisas: 1) há sempre conseqüências das relações professor-aluno;

2) é possível pensar (planejar) intervenções e executar ações para que, nas relações professor-aluno, as intervenções pensadas resultem nas conseqüências esperadas; 3) é possível que alunos recusem as intervenções pensadas e realizadas pelo professor e é possível, também, que eles não as recusem; 4) é possível que o professor execute ações adequadas para provocar as conseqüências desejadas e vice-versa.

E... outras coisas podem e devem ser pensadas. Por exemplo, *se desejamos*, como conseqüência de nossa intervenção educacional, *que nossos alunos pensem melhor, temos de planejar ações adequadas para que isso ocorra*. Ações adequadas para essa finalidade devem incluir o estudo sério do que é o pensar, das habilidades de pensamento a ser desenvolvidas para que o pensar competente ocorra e da forma como elas devem ser desenvolvidas. Nesse estudo, há que incluir a investigação quanto às melhores formas de oferecer aos alunos uma intervenção educativa que lhes pareça interessante: interessante, porque necessária para eles mesmos e porque pode ser acolhida como algo agradável pelos resultados obtidos, em que pese o esforço a despender e os incômodos decorrentes.

Na Bibliografia Geral há indicações de obras que tratam da temática de uma educação para o pensar e que podem ser úteis para um trabalho em sala de aula.

Capítulo V

Propondo ou sugerindo maneiras de trabalhar nas aulas de Filosofia

Propondo ou sugerindo maneiras de trabalhar nas aulas de Filosofia

O que apresentamos, a seguir, é uma indicação (entre várias possíveis) de como se poderia organizar o trabalho de ensino de Filosofia, de 5ª à 8ª séries, utilizando as idéias apresentadas nos capítulos anteriores.

Imagine-se uma escola que tenha, no seu projeto pedagógico, o objetivo de preparar os alunos para o exercício consciente da cidadania. Não só: tem como objetivo, também, fazer com que os alunos recebam influências educacionais relativas a uma formação humanística que preveja o estudo e a reflexão sobre temas que digam respeito, por exemplo, ao que é ser gente, à igualdade entre as pessoas, à não-discriminação, à importância do diálogo nas relações entre as pessoas, à recusa de qualquer forma de autoritarismo, à necessidade de regras de conduta consensuais com base em um processo claro de avaliação dos critérios relativos a essas mesmas regras. E mais: temas que digam respeito não apenas ao conhecimento e sua importância, mas também à arte e ao seu papel na vida das pessoas.

Com base em tal projeto pedagógico, o professor de Filosofia elabora seus planos de ensino para as classes de 5ª à 8ª séries.

No plano de ensino para cada uma das séries citadas, o professor deverá fazer constar, para o trabalho com Filosofia, os *objetivos* previstos no projeto pedagógico, os quais cabem também ou somente à disciplina Filosofia atingir.

Isso feito, há de pensar nos *conteúdos* a ser trabalhados em cada série; os conteúdos são as temáticas que envolvem necessariamente certas questões e mais os conceitos básicos próprios de cada temática. Devem ser vistos como meios para a consecução dos objetivos propostos; portanto, é preciso ficar clara a relação dos conteúdos com os objetivos. Carece pensar, também, na maneira como serão trabalhados tais conteúdos, isto é, na *metodologia*. Também não podemos esquecer aqui a *avaliação*, os recursos a serem utilizados, tampouco a bibliografia básica e a complementar.

São esses itens que devem constar do plano de ensino. Para maiores esclarecimentos sobre o plano de ensino, é importante consultar o livro *Didática*, desta coleção.

No exemplo em questão, as temáticas dizem respeito aos campos da Antropologia Filosófica, Ética, Filosofia Social e Política, Teoria do Conhecimento e Estética. (Vejam-se as indicações relativas aos conteúdos e conceitos que, julgamos, devem ser trabalhados em Filosofia e que constam do Capítulo III).

Pensando nas turmas sob sua responsabilidade e nos objetivos a que se propõe, o professor decidirá que temas, questões e conceitos básicos procurará trabalhar: ele os deverá listar em seu plano de ensino, para cada série.

Suponhamos que, após dialogar com seus colegas de trabalho e com a coordenação pedagógica da escola, o professor chegou à conclusão de que, em todas as séries, ao longo do ano, serão trabalhadas temáticas dos campos da Antropologia Filosófica, Teoria do Conhecimento, Ética, Filosofia Social e Política e Estética. Para cada campo desses, em cada série, serão trabalhadas as mesmas temáticas, mas com abordagens diferenciadas e com base em contextos bem planejados e diversos. Não só isso. Em cada série serão privilegiados certos conceitos básicos de cada temática: alguns conceitos serão privilegiados na 5ª série, outros na 6ª série, outros na 7ª e outros na 8ª. Os conceitos trabalhados nas séries anteriores serão sempre retomados nas séries seguintes com dois objetivos: verificação do domínio desses conceitos e ampliações sucessivas desse domínio.

Quando ficar evidente que não estejam suficientemente dominados, serão, de alguma forma, trabalhados novamente. E mais: as temáticas do campo da Antropologia Filosófica e Ética merecerão maior ênfase na 5ª e 6ª séries; as de Teoria do Conhecimento e de Estética, maior ênfase na 7ª série; as de Ética e de Filosofia Social e Política, na 8ª série. Mas todos esses campos da Filosofia estarão presentes no trabalho a ser feito nas várias séries: há que pensar, sempre, na idéia de aproximações sucessivas.

Se pensarmos nos planos de ensino desse professor, nessa escola, para cada uma das quatro séries, podemos indicar o que segue, como *exemplificação*, em termos de objetivos, conteúdos, metodologia, avaliação e bibliografia básica.

Vejam-se as páginas seguintes.

* * * * *

ESCOLA: ....
ENSINO FUNDAMENTAL: 5ª SÉRIE
PLANO DE ENSINO DE FILOSOFIA
PROFESSOR: ....

I - OBJETIVOS GERAIS

De acordo com o previsto no Projeto Pedagógico da Escola, são os seguintes os objetivos gerais, para esta série do ensino fundamental, que têm relação mais direta com a Filosofia:

1) Preparar para o exercício consciente da cidadania.

2) Oferecer subsídios que possam favorecer uma formação humanística básica.

II - OBJETIVOS ESPECÍFICOS

Tendo em vista os dois objetivos gerais acima, as investigações filosóficas, na 5ª série, e a forma como serão conduzidas terão os seguintes objetivos:

1) Trabalhar temáticas que digam respeito ao que é o ser humano e àquilo que se pode considerar como características especificamente humanas.

2) Trabalhar temáticas que digam respeito às regras de conduta (à moral, portanto) e aos princípios e critérios que possam balizar regras de conduta.

3) Provocar os alunos para que reflitam sobre o que significa tratar as pessoas como pessoas e sobre a qualidade desejável das relações entre as pessoas.

4) Desenvolver, com os alunos, dois projetos de pesquisa relativos a direitos que devem ser garanti-

dos às pessoas, em qualquer sociedade, como condição mínima de respeito à sua humanidade.

5) Organizar, com os alunos, dois documentos: um em que constem alguns direitos básicos das pessoas e outro em que constem alguns deveres que cabe às pessoas cumprir. Em ambos os casos, a cada menção de um direito ou dever, deve seguir a indicação de ao menos duas razões pela quais aquilo é um direito ou um dever.

III - CONTEÚDOS A SEREM TRABALHADOS

Tendo em vista a consecução dos objetivos acima indicados, serão trabalhados os seguintes temas e conceitos básicos nas aulas de Filosofia:

1. Temas e conceitos de Antropologia Filosófica
(Verifique, nos itens 1 e 2 do Capítulo III deste livro, a indicação de temas e de conceitos que podem compor esta sua programação de conteúdos; escolha os itens que julga serem os mais adequados ao seu trabalho e modifique, a seu critério, ou acrescente o que, na sua opinião, está faltando).

Um exemplo:

1.1. Como entender o ser humano no mundo e com o mundo? Como entendê-lo, comparando-o aos outros seres do mundo?

1.2. Como entender certas características que dizemos ser próprias dos seres humanos, como: pensar, produzir conhecimento, amar, preferir, viver em sociedade, transformar conscientemente a natureza, produzir cultura, etc.?

1.3. Como entender as relações do ser humano com a natureza e com os demais seres humanos?

1.4. O que é a natureza? Toda a realidade é a natureza?

1.5. São as relações dos seres humanos entre si que constituem a sociedade? O que é sociedade?

1.6. O que é uma pessoa? Quem é pessoa? Todos os seres humanos são mesmo pessoas?

1.7. Quais as conseqüências prático-sociais de considerar todos os seres humanos igualmente como pessoas?

Conceitos básicos a ser formados nos alunos: pessoa, gente, humano, animal, racional, irracional, dignidade, respeito, mundo, natureza, sociedade, identidade, relações, "levar o outro em conta", etc.

Ao término dessa unidade, os alunos desenvolverão uma pesquisa em grupos, na qual investigarão situações, na cidade onde moram, nas quais as pessoas não são tratadas como pessoas e as conseqüências desse fato para elas e para as demais pessoas.

2. Temas e conceitos de Ética
(Verifique, nos itens 7 e 8 do Capítulo III deste livro, a indicação de temas e de conceitos que podem compor esta sua programação de conteúdos; escolha os itens que julga serem os mais adequados ao seu trabalho e acrescente o que, na sua opinião, está faltando).

Um exemplo:

2.1. Diferença entre o agir humano e o agir dos outros animais.

2.2. A possibilidade de o ser humano decidir quanto a seu agir e as conseqüências disso.

2.3. Agir tem a ver com conhecimento e com pensar?

2.4. Há condutas que podem ser preferidas em relação a outras? Com que critérios preferimos certas condutas e não preferimos outras?

2.5. Regras de conduta: como e por que são feitas? São necessárias? Podem ser mudadas?

2.6. Regras de conduta existentes em nossa sociedade: identificação de algumas delas e trabalho de análise das possíveis razões para que tenham sido elaboradas.

2.7. Devo cumprir as regras de conduta só porque aí estão ou devo examiná-las criticamente e, então, decidir se devo ou não cumpri-las?

2.8. Posso mesmo decidir cumprir ou não regras de conduta já estabelecidas? Como assim?

2.9. O que é uma pessoa boa?

2.10. O que é uma conduta boa?

2.11. É importante que haja pessoas boas? Cada um pode ser uma pessoa boa?

Conceitos básicos a ser formados nos alunos: agir, ação, conduta, preferir e não preferir, importante e não importante, regras, regras de conduta, conduta certa/errada, bem, mal, etc.

As duas atividades previstas nos objetivos de números 5 e 6 serão desenvolvidas no decorrer desta unidade; a de número 5, logo após a conclusão do item 2.6, e a de número 6 ao final desta unidade.

IV - METODOLOGIA

A metodologia a ser utilizada, para o trabalho com os conteúdos propostos, envolverá, como regra geral para o ano letivo, o que a seguir é indicado.

a) Qualquer tema ou conceito básico deverá emergir de algum contexto significativo. Os contextos a ser utilizados serão variados, mas sempre se partirá de algum contexto. Por exemplo, para o tema "como entender o ser humano no mundo e com o mundo", pode-se utilizar um filme curto no qual apareçam pessoas envolvidas em diversas atividades, sejam produtivas, sejam sociais, sejam artísticas. Pede-se aos alunos que listem essas atividades observadas e, com base nessa listagem, dialoguem investigativamente sobre elas, procurando responder a certas indagações que eles mesmos levantem, a par de outras, propostas pelo professor. Outros contextos significativos podem ser utilizados: uma poesia, um conto, uma peça teatral ou uma música. O importante é que, nesses contextos, apareçam seres humanos em suas diversas formas de atividade e que, daí, se possam ter questões para uma boa conversa indagativa.

(No Apêndice deste livro há algumas indicações de "contextos" que podem ser utilizados para os diversos temas aqui propostos).

b) Com base em algum contexto significativo, os alunos devem ser convidados a um diálogo investiga-

---

No Capítulo IV deste livro são indicadas algumas *formas de fazer*, isto é, uma metodologia considerada como "boa", ou produtiva, para o trabalho de ensino de Filosofia. Ali é proposto que se trabalhe com base em *contextos bem planejados*, num processo *dialógico-investigativo* no qual serão buscadas aproximações *sucessivas* aos temas e conceitos básicos. Ao mesmo tempo, haverá um empenho, por parte do professor, em reforçar desempenhos corretos e ricos na *forma de pensar dos alunos*, bem como em buscar corrigir desempenhos incorretos e melhorar desempenhos insuficientes. Será apresentado, a seguir, um exemplo de cada uma dessas formas de fazer julgadas adequadas para o trabalho com os conteúdos propostos para essa e para as demais séries.

tivo acompanhado pelo professor. Tal diálogo investigativo pode ser promovido da seguinte forma:

1) pede-se que os alunos formulem perguntas que o "contexto significativo" lhes tenha sugerido; o professor deve registrar essas perguntas na lousa com o nome de quem as formulou logo em seguida;

2) convida-se a classe a observar as perguntas e a verificar as que tratam do mesmo tema ou de temas afins, organizando, então, agrupamentos de questões por temáticas;

3) escolhe-se, com os alunos, um grupo de perguntas para que a classe converse sobre elas, *tentando respondê-las* (formulando hipóteses); os alunos devem estar sentados em círculo para que se vejam; a cada tentativa de resposta, o professor solicita a quem a deu que ofereça *uma boa razão* para ela; pede-se ao grupo, após cada resposta acompanhada de razões, que avalie a resposta e as razões e diga se concorda ou discorda e por quê; os pontos de vista vão se alternando, ora com concordâncias, ora com discordâncias;

4) por último, esgotadas as possibilidades do grupo, deve o professor propor a leitura de um texto de um autor especialista sobre o tema e pedir que os alunos percebam, com a ajuda do professor, se o autor acrescenta, modifica ou confirma os pontos de vista expressos no grupo.

Não deve haver imposição de algum ponto de vista: nem mesmo do autor apresentado nem do professor. Os alunos devem apenas ser convidados a pensar sobre o tema e a tirar suas conclusões a respeito.

c) A abordagem de qualquer tema nunca se esgota em uma única ocasião em que é trabalhado. Precisará ser retomado em novos momentos e sob novas luzes. Muitas vezes, essa retomada é feita ao se trabalhar outra temática que com ele se relaciona. Assim, esse tema sobre o ser humano deve voltar quando se tratar do conhecimento, da ética, da arte ou da sociedade, etc. Em voltando, deve ser retomado rapidamente; cada retomada vai acrescentando novos entendimentos ao trabalho inicialmente feito. *São aproximações sucessivas* que vão se somando e gerando uma compreensão cada vez mais ampla de qualquer tema. Na temática sobre o ser humano ou na temática sobre ética, há diversos momentos de estudo e reflexão sobre as variações desses temas: cada variação lança luzes novas sobre aspectos já trabalhados.

d) Ao mesmo tempo em que cada temática vai sendo estudada, os alunos são convidados a se expressar por diversas formas: no diálogo investigativo, eles estarão falando e será possível observar como elaboram perguntas, formulam suas hipóteses, apresentam suas argumentações, fazem inferências, dominam conceitos, analisam e sintetizam, interpretam textos de autores ou falas de seus próprios colegas ou do professor. Todas essas manifestações propiciam oportunidades para avaliação da forma como pensam, como ordenam suas idéias, etc. O professor deve ser um avaliador contínuo de tal desempenho e um promotor da melhoria deste último com as devidas intervenções. Outra forma de expressão dos alunos ocorre nos registros escritos que devem fazer a respeito dos temas tratados e que devem apresentar ao professor para avaliação. Nesse caso, a avaliação não deve restringir-se à correção do conteúdo ou à correção gramatical. Deve ater-se, também, a aspectos da expressão que revelam qualidades da maneira de pensar dos alunos, tais como: se há seqüência lógica no discurso, se há coesão, isto é, se o texto mantém o foco no tema proposto, sem divagações desnecessárias ou que não digam respeito a ele, se há coerência, isto é, se não há contradições entre as afirmações, e se há a presença de bons argumentos para as afirmações feitas. Não só: é possível verificar se as inferências presentes no texto são válidas ou não. *Esses são momentos em que se cuida, também, da forma de pensar dos alunos.*

V - AVALIAÇÃO

(Cada professor deve indicar, aqui, a forma como encaminhará a avaliação de seus alunos e de seu próprio trabalho de ensino. Indicações importantes constam do livro *Didática*, desta coleção).

VI - BIBLIOGRAFIA BÁSICA E COMPLEMENTAR

(Aqui a escolha é do professor. No final deste livro, há algumas indicações bibliográficas relativas aos temas e conceitos sugeridos no Capítulo III. A bibliografia deve ser completada pelos professores e atualizada a cada ano).

A seguir, estão indicados os objetivos, temas e conceitos básicos para as três séries seguintes do ensino fundamental, com base no exemplo hipotético que escolhemos.

Escola: ....
ENSINO FUNDAMENTAL: 6ª SÉRIE
PLANO DE ENSINO DE FILOSOFIA
PROFESSOR: ....

I - OBJETIVOS GERAIS

De acordo com o previsto no Projeto Pedagógico da Escola, são os seguintes os objetivos gerais, para esta série do ensino fundamental, que têm relação mais direta com a Filosofia:

1) Preparar para o exercício consciente da cidadania.

2) Oferecer subsídios que possam favorecer uma formação humanística básica.

II - OBJETIVOS ESPECÍFICOS

Tendo em vista os dois objetivos gerais acima, as investigações filosóficas, na 6ª série, e a forma como serão conduzidas terão os seguintes objetivos:

1) Aprofundar o trabalho com temáticas de Antropologia Filosófica, já iniciado na 5ª série, acrescentando aspectos como: a racionalidade e as emoções como características do humano, bem como as noções de trabalho, cultura e sociabilidade.

2) Continuar o trabalho relativo às temáticas ético-morais, iniciado na 5ª série, com ênfase nos temas relativos à justiça, ao bem comum e à necessidade da reflexão sobre o que constitui o Bem.

3) Provocar os alunos para que reflitam sobre o que significa uma sociedade justa e sobre como cada um pode contribuir para tal.

4) Desenvolver, com os alunos, dois projetos de pesquisa relativos a situações nas quais pessoas estejam sendo tratadas de maneira justa e não justa.

III - CONTEÚDOS A SEREM TRABALHADOS

Tendo em vista a consecução dos objetivos acima indicados, serão trabalhados os seguintes temas e conceitos básicos nas aulas de Filosofia:

1. Temas e conceitos de Antropologia Filosófica
(Verifique, nos itens 1 e 2 do Capítulo III deste livro, a indicação de temas e de conceitos que podem compor esta sua programação de conteúdos; escolha os itens que julga serem os mais adequados ao seu trabalho e acrescente o que, na sua opinião, está faltando).

Um exemplo:

1.1. Como entender as relações do ser humano com a natureza? Por que o ser humano transforma a natureza? O que é o trabalho? Qual a importância do trabalho na vida das pessoas?

1.2. As produções humanas são chamadas de cultura; o que é cultura? Qual a diferença entre cultura e natureza?

1.3. Cultura tem a ver só com o ser instruído? Por quê?

1.4. O ser humano é um ser que produz conhecimentos: para que servem os conhecimentos?

1.5. Relação dos indivíduos com sua cultura: é na cultura que os indivíduos se fazem humanos? Como assim?

1.6. Diversidade cultural e convivência entre as várias culturas.

1.7. O que significa dizer que o ser humano é um ser de emoções? O que são emoções? Elas são importantes na vida das pessoas? Por quê?

Conceitos básicos a serem formados nos alunos: transformação da natureza pelo ser humano; trabalho; cultura; indivíduo; diversidade cultural; emoção; vida emocional; afetividade; etc. Além desses conceitos, serão retomados os conceitos já trabalhados na 5ª série.

2. Temas e conceitos de Ética
(Verifique, nos itens 7 e 8 do Capítulo III deste livro, a indicação de temas e de conceitos que podem compor esta sua programação de conteúdos; escolha os itens que julga serem os mais adequados ao seu trabalho e acrescente o que, na sua opinião, está faltando).

Um exemplo:

2.1. Diferença entre ação intencional e ação não intencional. Pode haver ações não intencionais pelas quais possamos ser responsabilizados? O que isso significa?

2.2. O que são os hábitos? O que são bons hábitos? Como os hábitos são adquiridos? Podem ser modificados?

2.3. Ações que visam a resultados ou bens individuais e ações que visam a resultados ou bens que dizem respeito ao conjunto das pessoas de um grupo: essa diferença faz diferença em termos éticos?

2.4. O que é um bem privado e um bem público? O que é bem comum?

2.5. O que é ser justo? O que é justiça? O que é uma sociedade justa? De quem depende a justiça no funcionamento da sociedade?

2.6. O que é uma sociedade boa?

2.7. O que é ser político? O que é ser um bom político profissional?

E outros temas...

Conceitos básicos a serem formados nos alunos: ação intencional e não intencional; hábito; privado; público; particular; bem comum; justiça; justo; injusto; política; político; político profissional; etc.

Além desses, serão retomados os conceitos trabalhados na 5ª série.

IV - METODOLOGIA

A metodologia a ser utilizada, para o trabalho com os conteúdos propostos, envolverá, como regra geral para o ano letivo, o que a seguir é indicado.

a) Qualquer tema ou conceito básico deverá emergir de algum contexto significativo. Os contextos a ser utilizados serão variados, mas sempre se partirá de algum contexto. Por exemplo, para o tema "como entender o ser humano no mundo e com o mundo", pode-se utilizar um filme curto no qual apareçam pessoas envolvidas em diversas atividades, sejam produtivas, sejam sociais, sejam artísticas. Pede-se aos alunos que listem essas atividades observadas e, com base nessa listagem, dialoguem investigativamente sobre elas, procurando responder a certas indagações que eles mesmos levantem, a par de outras, propostas pelo professor. Outros contextos significativos podem ser utilizados: uma poesia, um conto, uma peça teatral ou uma música. O importante é que, nesses contextos, apareçam seres humanos em suas diversas formas de atividade e que, daí, se possam ter questões para uma boa conversa indagativa.

(No Apêndice deste livro há algumas indicações de "contextos" que podem ser utilizados para os diversos temas aqui propostos).

b) Com base em algum contexto significativo, os alunos devem ser convidados a um diálogo investigativo acompanhado pelo professor. Tal diálogo investigativo pode ser promovido da seguinte forma:

1) pede-se que os alunos formulem perguntas que o "contexto significativo" lhes tenha sugerido; o professor deve registrar essas perguntas na lousa com o nome de quem as formulou logo em seguida;

2) convida-se a classe a observar as perguntas e a verificar as que tratam do mesmo tema ou de temas afins, organizando, então, agrupamentos de questões por temáticas;

3) escolhe-se, com os alunos, um grupo de perguntas para que a classe converse sobre elas, *tentando respondê-las* (formulando hipóteses); os alunos devem estar sentados em círculo para que se vejam; a cada tentativa de resposta, o professor solicita a quem a deu que ofereça *uma boa razão* para ela; pede-se ao grupo, após cada resposta acompanhada de razões, que avalie a resposta e as razões e diga se concorda ou discorda e por quê; os pontos de vista vão se alternando, ora com concordâncias, ora com discordâncias;

4) por último, esgotadas as possibilidades do grupo, deve o professor propor a leitura de um texto de um autor especialista sobre o tema e pedir que os alunos percebam, com a ajuda do professor, se o autor acres-

centa, modifica ou confirma os pontos de vista expressos no grupo.

Não deve haver imposição de algum ponto de vista: nem mesmo do autor apresentado nem do professor. Os alunos devem apenas ser convidados a pensar sobre o tema e a tirar suas conclusões a respeito.

c) A abordagem de qualquer tema nunca se esgota em uma única ocasião em que é trabalhado. Precisará ser retomado em novos momentos e sob novas luzes. Muitas vezes, essa retomada é feita ao se trabalhar outra temática que com ele se relaciona. Assim, esse tema sobre o ser humano deve voltar quando se tratar do conhecimento, da ética, da arte ou da sociedade, etc. Em voltando, deve ser retomado rapidamente; cada retomada vai acrescentando novos entendimentos ao trabalho inicialmente feito. *São aproximações sucessivas* que vão se somando e gerando uma compreensão cada vez mais ampla de qualquer tema. Na temática sobre o ser humano ou na temática sobre ética, há diversos momentos de estudo e reflexão sobre as variações desses temas: cada variação lança luzes novas sobre aspectos já trabalhados.

d) Ao mesmo tempo em que cada temática vai sendo estudada, os alunos são convidados a se expressar por diversas formas: no diálogo investigativo, eles estarão falando e será possível observar como elaboram perguntas, formulam suas hipóteses, apresentam suas argumentações, fazem inferências, dominam conceitos, analisam e sintetizam, interpretam textos de autores ou falas de seus próprios colegas ou do professor. Todas essas manifestações propiciam oportunidades para avaliação da forma como pensam, como ordenam suas idéias, etc. O professor deve ser um avaliador contínuo de tal desempenho e um promotor da melhoria deste último com as devidas intervenções. Outra forma de expressão dos alunos ocorre nos registros escritos que devem fazer a respeito dos temas tratados e que devem apresentar ao professor para avaliação. Nesse caso, a avaliação não deve restringir-se à correção do conteúdo ou à correção gramatical. Deve ater-se, também, a aspectos da expressão que revelam qualidades da maneira de pensar dos alunos, tais como: se há seqüência lógica no discurso, se há coesão, isto é, se o texto mantém o foco no tema proposto, sem divagações desnecessárias ou que não digam respeito a ele, se há coerência, isto é, se não há contradições entre as afirmações, e se há a presença de bons argumentos para as afirmações feitas. Não só: é possível verificar se as inferências presentes no texto são válidas ou não. *Esses são momentos em que se cuida, também, da forma de pensar dos alunos.*

V - AVALIAÇÃO

(Cada professor deve indicar, aqui, a forma como encaminhará a avaliação de seus alunos e de seu próprio trabalho de ensino. Indicações importantes constam do livro *Didática*, desta coleção).

VI - BIBLIOGRAFIA BÁSICA E COMPLEMENTAR

(Aqui a escolha é do professor. No final deste livro, há algumas indicações bibliográficas relativas aos temas e conceitos sugeridos no Capítulo III. A bibliografia deve ser completada pelos professores e atualizada a cada ano).

A seguir, estão indicados os objetivos, temas e conceitos básicos para as três séries seguintes do ensino fundamental, com base no exemplo hipotético que escolhemos.

ESCOLA: ....
ENSINO FUNDAMENTAL: 7ª SÉRIE
PLANO DE ENSINO DE FILOSOFIA
PROFESSOR: ....

I - OBJETIVOS GERAIS

De acordo com o previsto no Projeto Pedagógico da Escola, são os seguintes os objetivos gerais, para esta série do ensino fundamental, que têm relação mais direta com a Filosofia:

1) Preparar para o exercício consciente da cidadania.

2) Oferecer subsídios que possam favorecer uma formação humanística básica.

II - OBJETIVOS ESPECÍFICOS

Tendo em vista os dois objetivos gerais acima, as investigações filosóficas, na 7ª série, e a forma como serão conduzidas terão os seguintes objetivos:

1) Realizar, com os alunos, uma investigação sobre o fato de que os seres humanos pensam e produzem conhecimentos, indagando sobre o que é pensar e sobre o que é o conhecimento e sua importância na vida das pessoas.

2) Discutir, com os alunos, a diferença entre pensamento reflexivo, crítico e criativo e pensamento não reflexivo, acrítico e não criativo e se há alguma vantagem do primeiro sobre o segundo.

3) Discutir com os alunos o processo do estudar como forma de aprender conhecimentos já produzidos e o que isso significa; discutir também se o processo de

estudar pode ser um bom caminho para aprender a aprender, para aprender a pensar de forma reflexiva, crítica e criativa.

4) Propor aos alunos que indaguem por que as pessoas julgam algo como belo ou feio, maravilhoso ou horrível.

5) Iniciar discussões e investigações sobre se há critérios para julgar algo como belo ou feio.

6) Propor discussões e debates sobre as mais diversas manifestações artísticas e realizar uma pesquisa coletiva sobre tais manifestações, em conjunto com outras áreas curriculares, culminando em uma apresentação pública dos resultados.

7) Proporcionar aos alunos a participação em, ao menos, duas atividades artísticas fora da escola, seguidas de atividades de análise em sala de aula.

III - CONTEÚDOS A SEREM TRABALHADOS

Tendo em vista a consecução dos objetivos acima indicados, serão trabalhados os seguintes temas e conceitos básicos nas aulas de Filosofia:

1. *Temas de Teoria do Conhecimento*
(Verifique, nos itens 5 e 6 do Capítulo III deste livro, a indicação de temas e de conceitos que podem compor esta sua programação de conteúdos; escolha os itens que julga serem os mais adequados ao seu trabalho e acrescente o que, na sua opinião, está faltando).

Um exemplo:

1.1. O ser humano é um ser que pensa: o que é pensar? O que o pensar traz às pessoas? É possível pensar de uma forma não adequada? Como seria pensar de forma adequada? O que isso significa?

1.2. Pensar é uma das características que diferenciam o ser humano de outros seres vivos? Por que dizemos que o homem é um animal racional?

1.3. A escola é um lugar onde as pessoas, quando crianças e jovens, aprendem a pensar melhor? Ou é um lugar onde as crianças e jovens aprendem pensamentos já pensados por pessoas que já pensaram melhor? Essas pessoas são os cientistas? São os sábios? Quem é sábio? O que tudo isso significa?

1.4. Para agir de maneira correta e justa, é preciso pensar bem? Pode-se aprender a pensar bem?

1.5. Para avaliar se algo é belo ou feio, é preciso pensar bem? Como assim?

1.6. Por que as pessoas querem saber tanto a respeito de tudo? Ter conhecimentos é saber bem a respeito de alguma coisa? O que é conhecimento? Saber e ter conhecimentos é a mesma coisa? Os conhecimentos são sempre verdadeiros? Eles são necessários? Por quê?

1.7. O que é estudar? Por que existe escola?

1.8. Os alunos farão um trabalho, na forma a ser combinada com eles, sobre a importância da escola e sobre a situação da educação escolar em nosso país.

Conceitos básicos a serem formados nos alunos: pensar, ter idéia, idéia, entender, compreender, conhecimento, ciência, saber, reflexão, crítico, criativo, verdade, erro, mentira, investigar, estudar, educação escolar, etc.

2. Temas de Estética

(Verifique, nos itens 11 e 12 do Capítulo III deste livro, a indicação de temas e de conceitos que podem compor esta sua programação de conteúdos; escolha os itens que julga serem os mais adequados para o seu trabalho e acrescente o que, na sua opinião, está faltando).

Um exemplo:

2.1. Por que as pessoas julgam objetos, lugares e pessoas como belas ou feias? Os animais fazem esse tipo de julgamento? Essa é uma diferença entre os seres humanos e os outros animais?

2.2. O que é a beleza? O que é a feiúra? Quem determina o que é belo e o que é feio? Ou ninguém determina? Cada um é que escolhe ou decide? Dizer que cada um escolhe e decide é o mesmo que dizer que é uma escolha subjetiva? O que é isso?

2.3. O que é a arte? O que a arte tem a ver com a beleza e a feiúra?

2.4. Há várias formas de arte: analisar algumas delas (ou todas) e debater qual o seu papel na vida das pessoas. Por que arte?

2.5. As pessoas "consomem" arte: elas precisam produzir arte? Por quê?

2.6. Os alunos realizarão as duas atividades indicadas nos objetivos números 6 e 7.

(Aqui é importante um trabalho conjunto com Educação Artística: *importa verificar e utilizar o que consta no livro desta coleção sobre Educação Artística*).

Conceitos básicos a serem formados nos alunos: belo, feio, sensibilidade, expressão, formas de expressão, arte, várias formas de arte, arte como forma de "pensar" o mundo, criatividade, "consumir" arte e produzir arte, etc.

IV - METODOLOGIA

A metodologia a ser utilizada, para o trabalho com os conteúdos propostos, envolverá, como regra geral para o ano letivo, o que a seguir é indicado.

a) Qualquer tema ou conceito básico deverá emergir de algum contexto significativo. Os contextos a ser utilizados serão variados, mas sempre se partirá de algum contexto. Por exemplo, para o tema "como entender o ser humano no mundo e com o mundo", pode-se utilizar um filme curto no qual apareçam pessoas envolvidas em diversas atividades, sejam produtivas, sejam sociais, sejam artísticas. Pede-se aos alunos que listem essas atividades observadas e, com base nessa listagem, dialoguem investigativamente sobre elas, procurando responder a certas indagações que eles mesmos levantem, a par de outras, propostas pelo professor. Outros contextos significativos podem ser utilizados: uma poesia, um conto, uma peça teatral ou uma música. O importante é que, nesses contextos, apareçam seres humanos em suas diversas formas de atividade e que, daí, se possam ter questões para uma boa conversa indagativa.

(No Apêndice deste livro há algumas indicações de "contextos" que podem ser utilizados para os diversos temas aqui propostos).

b) Com base em algum contexto significativo, os alunos devem ser convidados a um diálogo investigativo acompanhado pelo professor. Tal diálogo investigativo pode ser promovido da seguinte forma:

1) pede-se que os alunos formulem perguntas que o "contexto significativo" lhes tenha sugerido; o professor deve registrar essas perguntas na lousa com o nome de quem as formulou logo em seguida;

2) convida-se a classe a observar as perguntas e a verificar as que tratam do mesmo tema ou de temas afins, organizando, então, agrupamentos de questões por temáticas;

3) escolhe-se, com os alunos, um grupo de perguntas para que a classe converse sobre elas, *tentando respondê-las* (formulando hipóteses); os alunos devem estar sentados em círculo para que se vejam; a cada tentativa de resposta, o professor solicita a quem a deu que ofereça *uma boa razão* para ela; pede-se ao grupo, após cada resposta acompanhada de razões, que avalie a resposta e as razões e diga se concorda ou discorda e por quê; os pontos de vista vão se alternando, ora com concordâncias, ora com discordâncias;

4) por último, esgotadas as possibilidades do grupo, deve o professor propor a leitura de um texto de um autor especialista sobre o tema e pedir que os alunos percebam, com a ajuda do professor, se o autor acrescenta, modifica ou confirma os pontos de vista expressos no grupo.

Não deve haver imposição de algum ponto de vista: nem mesmo do autor apresentado nem do professor.

Os alunos devem apenas ser convidados a pensar sobre o tema e a tirar suas conclusões a respeito.

c) A abordagem de qualquer tema nunca se esgota em uma única ocasião em que é trabalhado. Precisará ser retomado em novos momentos e sob novas luzes. Muitas vezes, essa retomada é feita ao se trabalhar outra temática que com ele se relaciona. Assim, esse tema sobre o ser humano deve voltar quando se tratar do conhecimento, da ética, da arte ou da sociedade, etc. Em voltando, deve ser retomado rapidamente; cada retomada vai acrescentando novos entendimentos ao trabalho inicialmente feito. *São aproximações sucessivas* que vão se somando e gerando uma compreensão cada vez mais ampla de qualquer tema. Na temática sobre o ser humano ou na temática sobre ética, há diversos momentos de estudo e reflexão sobre as variações desses temas: cada variação lança luzes novas sobre aspectos já trabalhados.

d) Ao mesmo tempo em que cada temática vai sendo estudada, os alunos são convidados a se expressar por diversas formas: no diálogo investigativo, eles estarão falando e será possível observar como elaboram perguntas, formulam suas hipóteses, apresentam suas argumentações, fazem inferências, dominam conceitos, analisam e sintetizam, interpretam textos de autores ou falas de seus próprios colegas ou do professor. Todas essas manifestações propiciam oportunidades para avaliação da forma como pensam, como ordenam suas idéias, etc. O professor deve ser um avaliador contínuo de tal desempenho e um promotor da melhoria deste último com as devidas intervenções. Outra forma de expressão dos alunos ocorre nos registros escritos que devem fazer a respeito dos temas tratados e que devem apresentar ao professor para avaliação. Nesse caso, a avaliação não deve restringir-se à correção do conteúdo ou à correção gramatical. Deve ater-se, também, a aspectos da expressão que revelam qualidades da maneira de pensar dos alunos, tais como: se há seqüência lógica no discurso, se há coesão, isto é, se o texto mantém o foco no tema proposto, sem divagações desnecessárias ou que não digam respeito a ele, se há coerência, isto é, se não há contradições entre as afirmações, e se há a presença de bons argumentos para as afirmações feitas. Não só: é possível verificar se as inferências presentes no texto são válidas ou não. *Esses são momentos em que se cuida, também, da forma de pensar dos alunos.*

V - AVALIAÇÃO

(Cada professor deve indicar, aqui, a forma como encaminhará a avaliação de seus alunos e de seu próprio trabalho de ensino. Indicações importantes constam do livro *Didática*, desta coleção).

VI - BIBLIOGRAFIA BÁSICA E COMPLEMENTAR

(Aqui a escolha é do professor. No final deste livro, há algumas indicações bibliográficas relativas aos temas e conceitos sugeridos no Capítulo III. A bibliografia deve ser completada pelos professores e atualizada a cada ano).

Escola: ....
Ensino Fundamental: 8a série
Plano de Ensino de Filosofia
Professor: ....

I - OBJETIVOS GERAIS

De acordo com o previsto no Projeto Pedagógico da Escola, são os seguintes os objetivos gerais, para esta série do ensino fundamental, que têm relação mais direta com a Filosofia:

1) Preparar para o exercício consciente da cidadania.

2) Oferecer subsídios que possam favorecer uma formação humanística básica.

II - OBJETIVOS ESPECÍFICOS

Tendo em vista os dois objetivos gerais acima, as investigações filosóficas, na 8ª série, e a forma como serão conduzidas terão os seguintes objetivos:

1) Retomar e trabalhar, com os alunos, temáticas e conceitos básicos do âmbito da Ética, buscando deles uma melhor sistematização.

2) Trabalhar, com ênfase especial, o tema relativo à justiça.

3) Desenvolver, com os alunos, investigação reflexiva sobre o que significa viver em sociedade e sobre a necessidade, ou não, da vida em sociedade.

4) Possibilitar análise crítica a respeito do fato do poder nas relações entre as pessoas e sobre a organização de formas de exercício de poder.

5) Trabalhar, de forma sistemática, noções relativas a lei, liberdade, direito e dever.

6) Retomar e aprofundar compreensão sobre privado e público, bem comum, responsabilidade social.

7) Retomar, ao longo do ano letivo, os conceitos básicos mais importantes trabalhados nas demais séries e reforçá-los.

8) Trabalhar com os alunos um livro inteiro sobre ética e organizar um seminário sobre o assunto no final do ano letivo.

III - CONTEÚDOS A SEREM TRABALHADOS

Tendo em vista a consecução dos objetivos acima iniciados, serão trabalhados os seguintes temas e conceitos básicos nas aulas de Filosofia:

1. Temas de Ética
(Verifique, nos itens 7 e 8 do Capítulo III deste livro, a indicação de temas e de conceitos que podem compor esta sua programação de conteúdos; escolha os itens que julga serem os mais adequados ao seu trabalho e acrescente o que, na sua opinião, está faltando).

Um exemplo:

1.1. O agir humano e suas conseqüências para o indivíduo e para os outros.

1.2. A importância dos outros como seres humanos. O que é mesmo um humano?

1.3. Como saber da correção e da justeza das ações?

1.4. Por que há ações consideradas boas ou más? Qual a base para tal consideração?

1.5. Valores seriam as balizas, ou referências, para indicar quais ações podem ser consideradas boas e quais podem ser consideradas más? O que são valores?

1.6. Valores e princípios são a mesma coisa? O que é ter princípios? As pessoas precisam ter princípios? Por que se chamam princípios? Exemplos de princípios e de regras de conduta que deles decorrem.

1.7. Ações que geram exploração ou dominação das pessoas são boas ou más? Por quê?

1.8. "Não discriminar as pessoas" é uma regra de conduta. Qual o princípio que a justifica? E qual o argumento para justificar tal princípio?

1.9. Atitudes injustas devem ser tidas como más? Por quê?

1.10. O que é justiça? Por que a justiça é desejável? Ela é necessária? Por quê?

1.11. O que é o bem? O que é ser feliz? O bem é a felicidade?

1.12. O que é ser uma pessoa boa?

1.13. O pensar, especialmente o pensar que julga (ajuíza), é necessário para que possamos decidir sobre o que é bom ou ruim, justo ou injusto, certo ou errado?

Conceitos básicos a serem formados nos alunos: valor, ação responsável, responsabilidade, bem, mal, justiça, felicidade, direito, dever, direitos básicos, pessoa boa, princípio, etc.

Muito importante, nesse momento da vida escolar e pessoal dos alunos, é desenvolver com eles atividades relativas a essa temática, como: organizar pesquisas nas quais possam identificar, por exemplo, regras de conduta que julgam necessárias à vida em comum e que constam da legislação, bem como as que não constam. Ao lado da lista de tais regras, devem ser convidados a escrever as razões delas e, em outra coluna, as possíveis conseqüências de seu cumprimento ou não cumprimento.

Outra atividade: verificar, na cidade onde moram, situações de pessoas que não têm direitos básicos assegurados. Para isso devem, primeiramente, organizar uma listagem desses direitos em uma coluna; em outra, as razões pela quais julgam que são direitos básicos; em uma terceira coluna, as situações constatadas nas quais esses direitos não são garantidos às pessoas. Pode-se pedir aos alunos que acrescentem, ao trabalho desenvolvido, uma lista de indicações de ações (e quem deve realizá-las) que podem gerar o acesso a esses direitos.

Durante essas atividades e após sua conclusão, é fundamental que se garantam momentos de reflexão coletiva, retomando os conceitos trabalhados em aulas.

Bom momento de reflexão ampla e abrangente sobre essa temática pode ser a apresentação dos resultados da leitura do livro proposto, conforme indicado no objetivo de número 8. Uma sugestão é a de trabalhar o livro: *Ética para meu filho* (F. Savater).

2. Temas de Filosofia Social e Política

(Verifique, nos itens 9 e 10 do Capítulo III deste livro, a indicação de temas e de conceitos que podem compor esta sua programação de conteúdos; escolha os itens que julga serem os mais adequados ao seu trabalho e acrescente o que, na sua opinião, está faltando).

Um exemplo:

2.1. Por que as pessoas vivem juntas, umas com as outras? Elas não poderiam viver separadas? Viver junto é viver em sociedade?

2.2. O que é sociedade? Uma família é o mesmo que sociedade? E uma escola? E um país?

2.3. Viver em sociedade é uma necessidade para as pessoas? Se é, como deveria ser o funcionamento de uma sociedade para que todos, nela, se sentissem bem?

2.4. Como entender a relação entre a individualidade e a sociedade?

2.5. As regras de conduta, em uma sociedade, são necessárias? Por quê?

2.6. E as leis? Quem deve fazê-las? Podem ser modificadas? Com base em que as leis devem ser feitas ou modificadas?

2.7. Regras de conduta combinadas entre as pessoas, mesmo não sendo leis, devem ser cumpridas? Por quê?

2.8. O fato de existirem deveres não vai contra a liberdade? O que é liberdade?

2.9. Por que existe governo? É mesmo necessário existir governo?

2.10. Governo está ligado a poder: o que é poder? Só existe poder no governo?

2.11. Como é organizado o governo? Há outras formas de organização do governo? Ao longo da história, como têm sido organizadas as formas de governo? Como se pode avaliar isso?

2.12. Democracia e poder combinam? Como? O que é democracia?

2.13. Ser cidadão é fazer parte de uma sociedade? Há formas melhores e piores de fazer parte de uma sociedade? O que significa cidadania?

Conceitos básicos a serem trabalhados: sociedade, indivíduo, o outro, relações sociais, relações de poder,

poder, liberdade, política, governo, Estado, cidadania, democracia, lei, dever, direito, justiça social, convivência, participação social, etc.

(Muitas atividades relativas a este tema podem ser desenvolvidas com os alunos: a recomendação é que elas sejam, de fato, realizadas).

IV - METODOLOGIA

A metodologia a ser utilizada, para o trabalho com os conteúdos propostos, envolverá, como regra geral para o ano letivo, o que a seguir é indicado.

a) Qualquer tema ou conceito básico deverá emergir de algum contexto significativo. Os contextos a ser utilizados serão variados, mas sempre se partirá de algum contexto. Por exemplo, para o tema "como entender o ser humano no mundo e com o mundo", pode-se utilizar um filme curto no qual apareçam pessoas envolvidas em diversas atividades, sejam produtivas, sejam sociais, sejam artísticas. Pede-se aos alunos que listem essas atividades observadas e, com base nessa listagem, dialoguem investigativamente sobre elas, procurando responder a certas indagações que eles mesmos levantem, a par de outras, propostas pelo professor. Outros contextos significativos podem ser utilizados: uma poesia, algum conto, uma peça teatral ou uma música. O importante é que, nesses contextos, apareçam seres humanos em suas diversas formas de atividade e que, daí, se possam ter questões para uma boa conversa indagativa.

(No Apêndice deste livro há algumas indicações de "contextos" que podem ser utilizados para os diversos temas aqui propostos).

b) Com base em algum contexto significativo, os alunos devem ser convidados a um diálogo investigativo acompanhado pelo professor. Tal diálogo investigativo pode ser promovido da seguinte forma:

1) pede-se que os alunos formulem perguntas que o "contexto significativo" lhes tenha sugerido; o professor deve registrar essas perguntas na lousa com o nome de quem as formulou logo em seguida;

2) convida-se a classe a observar as perguntas e a verificar as que tratam do mesmo tema ou de temas afins, organizando, então, agrupamentos de questões por temáticas;

3) escolhe-se, com os alunos, um grupo de perguntas para que a classe converse sobre elas, *tentando respondê-las* (formulando hipóteses); os alunos devem estar sentados em círculo para que se vejam; a cada tentativa de resposta, o professor solicita a quem a deu que ofereça *uma boa razão* para ela; pede-se ao grupo, após cada resposta acompanhada de razões, que avalie a resposta e as razões e diga se concorda ou discorda e por quê; os pontos de vista vão se alternando, ora com concordâncias, ora com discordâncias;

4) por último, esgotadas as possibilidades do grupo, deve o professor propor a leitura de um texto de algum autor especialista sobre o tema e pedir que os alunos percebam, com a ajuda do professor, se o autor acrescenta, modifica ou confirma os pontos de vista expressos no grupo.

Não deve haver imposição de algum ponto de vista: nem mesmo do autor apresentado nem do professor. Os alunos devem apenas ser convidados a pensar sobre o tema e a tirar suas conclusões a respeito.

c) A abordagem de qualquer tema nunca se esgota em uma única ocasião em que é trabalhado. Precisará ser retomado em novos momentos e sob novas luzes. Muitas vezes, essa retomada é feita ao se trabalhar outra temática que com ele se relaciona. Assim, esse tema sobre o ser humano deve voltar quando se tratar do conhecimento, da ética, da arte ou da sociedade, etc. Em voltando, deve ser retomado rapidamente; cada retomada vai acrescentando novos entendimentos ao trabalho inicialmente feito. *São aproximações sucessivas* que vão se somando e gerando uma compreensão cada vez mais ampla de qualquer tema. Na temática sobre o ser humano ou na temática sobre ética, há diversos momentos de estudo e reflexão sobre as variações desses temas: cada variação lança luzes novas sobre aspectos já trabalhados.

d) Ao mesmo tempo em que cada temática vai sendo estudada, os alunos são convidados a se expressar por diversas formas: no diálogo investigativo, eles estarão falando e será possível observar como elaboram perguntas, formulam suas hipóteses, apresentam suas argumentações, fazem inferências, dominam conceitos, analisam e sintetizam, interpretam textos de autores ou falas de seus próprios colegas ou do professor. Todas essas manifestações propiciam oportunidades para avaliação da forma como pensam, como ordenam suas idéias, etc. O professor deve ser um avaliador contínuo de tal desempenho e um promotor da melhoria deste último com as devidas intervenções. Outra forma de expressão dos alunos ocorre nos registros escritos que devem fazer a respeito dos temas tratados e que devem apresentar ao professor para avaliação. Nesse caso, a avaliação não deve restringir-se à correção do conteúdo ou à correção gramatical. Deve ater-se, também, a aspectos da expressão que revelam qualidades da maneira de pensar dos alunos, tais como: se há seqüência lógica no discurso, se há coesão, isto é, se o texto mantém o foco no tema proposto, sem divagações desnecessárias ou que não digam respeito a ele, se há coerência, isto é, se não há contradições entre as afirmações, e se há a presença de bons argumentos para as afirmações feitas. Não só: é possível verificar se as inferências presentes no texto são válidas ou não. *Esses são momentos em que se cuida, também, da forma de pensar dos alunos.*

V - AVALIAÇÃO

(Cada professor deve indicar, aqui, a forma como encaminhará a avaliação de seus alunos e de seu próprio trabalho de ensino. Indicações importantes constam do livro *Didática*, desta coleção).

VI - BIBLIOGRAFIA BÁSICA E COMPLEMENTAR

(Aqui a escolha é do professor. No final deste livro, há algumas indicações bibliográficas relativas aos temas e conceitos sugeridos no Capítulo III. A bibliografia deve ser completada pelos professores e atualizada a cada ano).

* * * * *

Uma exigência fundamental no trabalho de iniciação filosófica de crianças e jovens

É preciso cuidar o tempo todo, de maneira pacientemente progressiva, para que os alunos compreendam o que significa "totalidades referenciais significativas" e para que as possam ir construindo neles próprios. Esse é o grande referencial distintivo da Filosofia: trabalhar, em última instância, na busca de tais totalidades, as quais pretendem oferecer os sentidos ou os significados para a existência humana. Esses sentidos, ou essas totalidades referenciais significativas — por ser, possivelmente ou de fato, orientadoras das práticas humanas juntamente com outros fatores historicamente dados —, tornam-se opções políticas. *O ensino da Filosofia é sempre uma mediação educacional inserida nessas lutas políticas* que estão sempre em disputa, quer como mediação de acomodação, quer como mediação de esclarecimento que pode levar à transformação. Se se quer uma educação radicalmente humana, não é possível não trabalhar a Filosofia nela, explicitando e pondo sob exame "totalidades referenciais significativas".

Nossas crianças e nossos jovens absorvem, no cultural de que fazem parte, tais referências. Estas lhe são dadas, de maneira geral, já prontas e sem nenhum convite para que as analisem. Mesmo quando alguns jovens e até crianças esboçam algum questionamento em relação a elas, não prestamos atenção ou simplesmente lhes dizemos, de algum modo, que isso não está em discussão.

É que as referências, os princípios, as "totalidades referenciais significativas" são, de algum modo, garantias de determinada ordem social. Temermos expô-las a exame rigoroso. Até porque muitos de nós não as submetemos a tal exame: simplesmente aceitamos tudo como está.

Mas, lá no nosso íntimo, sentimos que algumas referências poderiam ser mais bem esclarecidas e, a respeito de algumas, temos até dúvidas sérias. Referências, porém, são referências; e, quando as perdemos, parece que perdemos os rumos de nossa vida. Questioná-las pode parecer submetê-las ao risco de desaparecerem. Falta-nos, muitas vezes, a coragem da busca do esclarecimento e o saber que referências, como tudo no cultural humano, são históricas, são produções dos próprios seres humanos e têm em vista atender necessidades que vão surgindo e desaparecendo. Algumas demoram mais; outras parecem realmente duradouras.

Diante disso, é honesto proporcionar às nossas crianças e nossos jovens oportunidades para que saibam disso e para que aprendam a debater a respeito dos princípios, visando ao seu próprio esclarecimento, que é uma condição necessária para suas escolhas, no caso, profundamente políticas.

A Filosofia é a grande forma de saber que tem como objetivo ajudar-nos na análise crítica das referências que encontramos no cultural em que nascemos e em que crescemos. Ela nos ajuda na formulação, se for o caso, de novas referências. A Filosofia é, essencialmente, o esforço reflexivo, rigoroso e profundo na busca das "totalidades referenciais significativas".

Essa concepção de Filosofia está presente em vários pensadores, como se pode constatar nas citações a seguir.

Chauí, por exemplo, após apresentar três possíveis definições de Filosofia, ao ver incompletas, apresenta uma quarta, que parece adotar, a qual diz:

> *Além de análise, reflexão e crítica, a Filosofia é a busca do fundamento e do sentido da realidade em suas múltiplas formas indagando o que são, qual sua permanência e qual a necessidade interna que as transforma em outras. O que é o ser e o aparecer-desaparecer dos seres* (1994, p. 17).

Severino afirma o mesmo quando diz:

> ... podemos reafirmar que a forma filosófica de conhecimento se apresenta como a busca ilimitada de mais sentido, de mais significação. Transforma-se, então, a Filosofia num esforço do espírito humano com vista a dar conta da significação de todos os aspectos da realidade, com maior profundidade possível e sempre em relação à significação da existência do homem (1992, p. 25).

Granger parece caminhar na mesma direção:

> Esta intenção oculta que acreditamos que habita toda filosofia visa organizar não os fatos, mas significações. Tomaremos esta palavra tal como existe na linguagem, acentuando contudo a oposição, de um lado, do significado e do fato e, de outro, acentuando o apelo a uma experiência global — ao menos virtualmente global — que envolve experiências imediatamente vividas como parciais e que a "significação" põe em perspectiva. (1989, p. 14).

Paulo Freire, neste sentido, adverte:

> Ao não perceber a realidade como totalidade, na qual se encontram as partes em interação, se perde o homem na visão "focalista" da mesma. A percepção parcializada da realidade rouba ao homem a possibilidade de uma ação autêntica sobre ela (1975, p. 34).

Dermeval Saviani, ao comentar a característica da globalidade que, juntamente com as características da radicalidade e do rigor, identifica a reflexão filosófica, afirma:

> ... o problema não pode ser examinado de um modo parcial, mas numa perspectiva de conjunto, relacionando-se o aspecto em questão com os demais aspectos do contexto em que está inserido (1980, p. 24).

Aliás, para Saviani, *"é neste ponto que a Filosofia se distingue da ciência de modo mais marcante"*, ainda que não seja essa a única característica da reflexão filosófica.

A busca da radicalidade (profundidade) no exame do real tornado problema é outra das características essenciais do filosofar que, unida (não mecanicamente, mas dialeticamente) à globalidade, em um trabalho sistematizadamente crítico, constitui a própria reflexão filosófica.

Não se atingiria essa "visão do todo" se não se descesse à raiz, aos fundamentos do real a respeito do qual o homem se pergunta o "porquê"; e é daí, desse real que é ele-e-o-mundo, que o homem sente a necessidade e tem a possibilidade de captar-produzir o sentido.

Em seu livro *Natasha: diálogos vigotskyanos*, Lipman responde, desta forma, à pergunta sobre o que é, para ele, a Filosofia:

> *Bem, acho que devo deixar bem claras duas funções da Filosofia, respondi. Uma é analítica. Cada disciplina é reflexiva e, pois, crítica quanto ao seu próprio conhecimento. A Filosofia engloba a crítica dessas críticas mediante uma análise permanente dos critérios e padrões utilizados.*
> *[...]*
> *A outra função, disse eu, ainda tateando por onde ia, é mais síntese do que análise, mais especulativa do que empírica. Em certa medida, cada filósofo procura, como fez Spinoza, construir um sistema de idéias com o qual tudo quanto acontece seja coerente* (1997, p. 100).

É nessa direção, na busca dessa perspectiva globalizadora da significação necessária da realidade e do ser humano nela (sempre renovadoramente feita), que se pode ver o esforço do filosofar. Esforço esse, no caso das crianças e dos jovens, inicial e propedêutico de um possível filosofar "mais amadurecido" que tem, como precondição, um processo de amadurecimento. Tal processo precisa estar acontecendo desde o mais cedo possível sob pena de não poder ser nunca atingido. Aliás, atingido, "apenas", como "mais amadurecido"; acabado, nunca!... Pois ele vai se fazendo sempre. Refazendo-se no seu perguntar contínuo que repõe, sempre, as mesmas questões de fundo, avançando, por certo, não as respostas como definitivas, mas a própria humanidade: *"As respostas (definitivas) são traição das questões"* (Matos, 1997, p. 11).

O professor atento a isso provocará as crianças e os jovens para que tomem e retomem as referências de que dispõem, pondo-as sob o foco da análise crítica e profunda. Em cada tema, de cada área da programação, a chamada para as referências globais é necessária. Por isso há tantas indicações, nos exemplos dados de programações, para que se proponha aos alunos que pensem e conversem sobre os princípios que têm como base. Só assim eles estarão sendo estimulados a contemplar curiosamente, investigativamente, as "totalidades referenciais significativas" e submetê-las à própria crítica. Só assim aprenderão, quem sabe, a ser partícipes da produção delas. Se isso acontecer, serão sujeitos da história; serão, também, vigilantes da "pólis". Estarão, pouco a pouco, transformando-se no tipo de filósofo que Ildeu M. Coelho indica, servindo-se de expressões de Platão, retiradas da *República*:

> *O filósofo é "amigo do saber", para ele tende e nele busca a orientação para sua vida, para suas ações; deseja a totalidade da sabedoria e não apenas uma de suas partes, "se atira ao estudo com prazer e sem saciar", é "amigo e aderente da verdade, da justiça, da coragem e da temperança". É também o guarda da pólis, "uma pessoa de visão clara que fica de atalaia a tomar conta do que quer que seja", "amiga da sabedoria" e da "verdade integral"; enfim, aquela que conduz os homens à justiça, à autonomia espiritual frente ao mundo sensível (dimensão pedagógica da filosofia) e ajuda a cidade a realizar a política sob a proteção do universal. Essa paixão pelo saber, a capacidade de "atingir aquilo que se mantém sempre do mesmo modo", sem se perder "no que é múltiplo e variável", e a excelência em todos os aspectos de sua existência são a marca, o distintivo do filósofo* (Coelho, 2001, p. 49-50).

Capítulo VI

Propostas de Projetos Interdisciplinares

Propostas de projetos interdisciplinares

Muitos entendimentos e conceitos são pressupostos nas diversas áreas curriculares, como: o que é o ser humano; o que é um animal racional; o que é natureza; o que é cultura; o que é linguagem; o que é pensamento; o que é conhecimento; o que é conhecimento verdadeiro; o que é ciência; o que é sociedade; o que é poder; o que é justiça; o que é liberdade; o que é história; e tantos outros. Ao trabalhar investigativamente tais temas, a "iniciação filosófica" de crianças e jovens vai, paulatinamente, propiciando-lhes maior compreensão de tais temáticas. Isso os auxilia na melhor compreensão de todas as áreas curriculares. Há uma função ou papel interdisciplinar da Filosofia, nesse particular. Além disso, há o "bom papel", para todas as áreas curriculares, do desenvolvimento do pensamento reflexivo, crítico, rigoroso, profundo, abrangente.

No início deste capítulo convém retomar o que foi dito no Capítulo II deste livro.

Esse papel interdisciplinar pode ou não ocasionar os bons resultados indicados. As crianças e os jovens nem sempre articulam saberes que são trabalhados de forma estanque, ou separada, na escola. Se há esse risco — e se há necessidade de que os saberes se interliguem para a construção de compreensão cada vez mais articulada de uma realidade que não é fragmentada —, é bom que tenhamos em mente projetos interdisciplinares, ao menos no processo de educação escolar. Não podemos deixar ao acaso algo que entendemos ser necessário: há que haver intencionalidade nessa direção. Há que haver a estimulação à atitude interdisciplinar; à atitude de compreensão do mundo, da natureza, da sociedade, dos vários seres, dos fatos, das situações, na maneira mesma como tudo se dá, isto é, como resultado de múltiplas relações e determinações e estas, por sua vez, relacionadas entre si. Nada ocorre isoladamente: a compreensão correta e, cada vez mais, completa de tudo só é possível se apreende as relações e inter-relações nas quais tudo acontece.

Tributários de determinada tradição, desenvolvemos em nós uma atitude não interdisciplinar, ou seja, fragmentária, no tocante ao entendimento da realidade. E temos passado essa atitude a nossos alunos.

Isso pode ser modificado se nos propusermos a desenvolver projetos interdisciplinares, que estimularão atitudes interdisciplinares. Essa é uma escolha de direção pedagógica para a qual convidamos os professores de Filosofia.

É nesse sentido que projetos interdisciplinares são propostos a seguir. São alguns. Outros, e de outras formas, podem e devem ser pensados.

Antes, porém, é preciso dizer: se um professor tem atitude interdisciplinar desenvolvida nele mesmo, pode ser um convite vivo para que seus alunos desenvolvam essa mesma atitude. Para isso, é preciso explicitá-la no tratamento que dá aos diversos temas quando os apresenta, por exemplo, em uma aula expositiva. Se está expondo a respeito do que é o ser humano, ele toma elementos de compreensão da Filosofia, Biologia, História, Geografia, Sociologia,

Psicologia, Física, Química ou Bioquímica, Arte, das Religiões, da Matemática, Literatura, etc. Os alunos estudam essas áreas do conhecimento e têm noções específicas de cada uma delas: o professor, que também as estudou no seu processo de educação escolar, pode retomar algumas dessas noções que se aplicam à compreensão do ser humano e, com elas, tecer uma visão articulada, interdisciplinar, que ilumine mais amplamente as múltiplas relações que estão, de fato, presentes na constituição desse ser.

O mesmo se pode fazer no tocante à Ética, à Teoria do Conhecimento, ao estudo da sociedade e do poder, ao estudo da Arte, etc.

A própria maneira interdisciplinar de o professor tratar os diversos temas pode ser uma indicação desse bom caminho de análise e compreensão da realidade sem, contudo, perder o necessário enfoque específico de sua disciplina.

Os projetos interdisciplinares são chamadas "fortes" para a atitude interdisciplinar. E vários deles podem ser pensados. Vejamos alguns exemplos.

Exemplo 1 - Estudando o ser humano com diversos olhares integrados entre si.

Esse é um projeto que pode ser desenvolvido em qualquer série. Propusemos, no Capítulo V, que esse tema fosse trabalhado, de modo especial, nas 5as e 6as. séries. Se retomarmos o que é indicado, em termos de temas e conceitos básicos, no Capítulo III e os exemplos dados de planos de ensino, para essas séries, no Capítulo V, poderemos pensar o seguinte:

• Primeiro *escolher um item* da programação de conteúdos. Por exemplo, o primeiro item proposto para a

5ª série: *"Como entender o ser humano no mundo e com o mundo. Como entendê-lo, comparando-o aos demais seres do mundo?"*.

• Em segundo lugar, *escolher um contexto significativo* com o objetivo de iniciar a provocação aos alunos para que comecem a pensar sobre esse tema: um filme; uma narrativa, que pode ser uma boa história infanto-juvenil; uma poesia; um relato de uma situação; etc. Se o objetivo é encaminhar um projeto interdisciplinar, esse contexto significativo deve trazer elementos provocativos a esse respeito. Por exemplo, em uma história ou em um relato de certa situação, já deveriam estar presentes conversas de personagens, afirmando que o ser humano é mesmo animal como os outros, só que mora de forma diferente, tem um corpo diferente, modifica a natureza para sobreviver. Faz isso utilizando planejamento, o que significa que pode pensar antes de agir, faz coisas buscando não só satisfazer necessidades básicas, mas também buscando resultados bonitos. Organiza seu trabalho junto com os outros, modifica, ao longo do tempo, várias maneiras de organizar a sua vida. Utiliza remédios que são produtos químicos, e seu organismo é um arranjo físico-químico. É um ser que depende do meio ambiente, relaciona-se com os espaços geográficos, quantifica e calcula, utiliza linguagem, etc. Pode-se observar, aqui, quantos elementos de várias disciplinas escolares estão envolvidos!

• Em terceiro lugar, há que *conversar com os colegas das outras várias áreas do currículo escolar*, das várias disciplinas, para que sejam estudadas formas de organização de estudos que possam ser articulados, de alguma maneira, tendo em vista construir a produção de uma compreensão articulada do tema, pelos alunos. Nessas *conversas de planejamento* devem ficar claros quais são os objetivos desse trabalho: 1) construir, com os alunos, uma compreensão interdisciplinar sobre o ser humano; 2) desenvolver nos alunos uma atitude interdisciplinar. É importante lembrar que os dois objetivos só devem ser assumidos como tais, após todos estarem de acordo quanto às razões, ou argumentos, para que sejam buscados.

• Em quarto lugar, *definir as atividades* que serão desenvolvidas para atingir os dois objetivos *bem como os recursos* a ser utilizados. As atividades de cada disciplina devem ser definidas em separado e receber um tratamento que não só aponte para as inter-relações possíveis, mas também permita já pô-las em prática em cada espaço próprio ou específico. Definir, se possível, as atividades em conjunto de grupos de disciplinas ou de todas as disciplinas, para dar visibilidade concreta da possibilidade de um trabalho interdisciplinar.

No caso específico desse tema, sobre o ser humano, pode-se pensar em atividades e recursos assim: nas aulas de *Geografia*, o ser humano será visto em seu processo de ocupação dos espaços geográficos em comparação com outros seres vivos, em sua dependência em relação a fatores geográficos, como o clima, o solo, o ar, a água, etc., e em sua maneira de resolver tal dependência (por exemplo, criando a agricultura, a pecuária, a indústria, o estudo do clima...); *nas aulas de História*, o ser humano pode ser visto como um ser que modifica sua organização da vida, da sociedade, dos regimes políticos, etc., diferentemente dos demais animais, que sempre mantêm sua maneira de ser e de viver, "colados" à natureza; em *Língua Portuguesa*, o ser humano pode ser visto como um ser que produz linguagem que se manifesta de diversas formas, verificando se isso ocorre com os outros animais; pode-se, também, utilizar a literatura (romances, contos, poesia) para trabalhar textos que falam, de forma reflexiva, sobre os seres humanos; em *Ciências*, há muita coisa que pode ser estudada sobre o ser humano, tanto do ponto de vista da Biologia, quanto da Química, Física, nutrição, etc.; esses estudos podem ser feitos comparando o ser humano com outros seres, vivos ou não. Em *Educação Artística*, pode-se trabalhar a maravilhosa capacidade que os humanos têm, e que outros animais não têm, de produzir arte que representa, dessa maneira, a natureza, os outros animais e seres e o próprio ser humano; nesse caso, a arte não apenas representa o aspecto externo do ser humano, mas também suas ações, seus sentimentos, suas relações, etc. *Em Educação Física*, é possível analisar os movimentos que os seres humanos podem fazer e os que os demais seres não podem, por exemplo; e pode-se desenvolver uma reflexão sobre a motricidade humana e sua importância para tudo.

• Em quinto lugar, em atividades conjuntas, tudo isso pode merecer formas de expressão inter-relacionadas: por exemplo, com a utilização de painéis, peças teatrais, grandes debates ou conjuntos de apresentações, umas após outras, nas quais os vários aspectos, que manifestam o que o ser humano é, podem ser mostrados em seqüências bem planejadas. E outras.

• Por último, *no final de todo o processo*, os alunos podem ser convidados a escrever uma síntese na qual digam tudo o que puderam constatar ser constituinte do ser humano. O título dessa síntese poderia ser: "A maravilhosa complexidade do humano".

Exemplo 2 - Pensando juntos um tema da área de Ética: "Por que regras de conduta?"

Trata-se de tema para qualquer uma das séries do ensino fundamental. Podemos imaginá-lo, também, para 5ª ou 6ª séries. O projeto interdisciplinar poderia ser esse:

• Dispondo já do tema, é preciso *pensar um contexto significativo* como desencadeador do interesse dos alunos e do projeto como um todo. Um exemplo de contexto significativo pode ser uma experiência a ser realizada em uma ou duas aulas de *Educação Física*, com a presença, ou não, do *professor de Filosofia*.

Os alunos e as alunas serão convidados a participar de algum jogo (futebol, voleibol, basquetebol, etc.). Antes da participação, devem ser recordadas as regras e deve-se insistir na necessidade de cumpri-las, dando ênfase ao papel do juiz como vigilante do cumprimento delas e de autoridade que pode punir pelo seu não-cumprimento. Realiza-se o jogo por mais ou menos 20 minutos. Em seguida, os alunos são reunidos no próprio local do jogo e lhes é proposto que joguem novamente, mas sem nenhuma regra: tudo o que cada um desejar poderá ser feito, menos causar danos aos colegas e aos equipamentos. Não haverá juiz, por razões óbvias.

Esse jogo "sem regras" deverá durar pouco tempo, pois se tornará inviável. Assim que for encerrada essa experiência, pode-se pedir aos alunos que digam se a falta de regras foi uma das razões que inviabilizaram o jogo. Pode-se pedir-lhes também, que pensem, em uma das aulas, novas regras para jogar aquele jogo, diferentes das regras existentes. Pode-se, em outro dia, realizar um jogo com as regras criadas por eles. Nesse dia deverá haver um juiz. As três experiências devem merecer uma análise comparativa por parte de todos, em uma ou duas aulas de Filosofia e, se possível, com a presença do professor de Educação Física. A análise deve enfatizar o fato de haver regras em duas situações e o fato de não ter havido regras em uma delas e deve enfatizar ainda o papel do juiz. *Isso deve merecer um primeiro registro* por parte dos alunos, no qual digam qual o papel das regras no jogo realizado e em qualquer jogo. *Algumas perguntas* devem ser apresentadas a eles: é possível jogar algum jogo sem regras? Nesse caso, as regras ajudam ou atrapalham? Elas podem ser modificadas? Por quem?

Em seguida, *para completar o contexto significativo*, deve-se pedir que eles façam um *levantamento de regras existentes* para várias situações: regras relativas ao meio ambiente e relativas à demarcação de fronteiras do Brasil com outros países (buscar isso com os professores de *Geografia*); regras para resolver problemas de *Matemática* (envolver os professores dessa disciplina); regras gramaticais (envolver os professores de *Língua Portuguesa* e de outras línguas); regras para lidar com certos produtos no laboratório de Ciências, para lidar com eletricidade, para utilizar alimentos tendo em vista uma alimentação balanceada, regras de higiene (obter isso nas aulas de *Ciências*); regras para a escolha ou indicação de reis ou presidentes em algumas sociedades em épocas diferentes (obter isso com os professores de *História*); regras para obter determinadas cores para pintura ou regras para uso de pincéis ou telas em pintura (verificar isso nas aulas de *Educação Artística*). Fazer, nas aulas de *Filosofia*, uma lista de regras de conduta que devem ser seguidas em casa, com relação aos vizinhos, na escola, em uma festa de aniversário e em uma cerimônia de casamento num templo de qualquer religião.

• Os alunos deverão *apresentar os resultados de forma escrita*: tanto o registro de suas considerações relativas às regras nos jogos quanto o levantamento de regras nas várias situações. O segundo registro deve ser complementado com um terceiro: escolher, dentre as regras levantadas, as que são regras de conduta e dois outros tipos de regras. Nas aulas de *Filosofia*, os alunos devem ser convidados a uma discussão sobre as regras de conduta: o que elas efetivamente regulam; se são facilitadoras, ou não, da convivência entre as pessoas; se eles sabem de outras sociedades que têm as mesmas regras de conduta que a nossa; quem elabora as regras; se podem ser modificadas; e quais as razões que os alunos enxergam para que essas regras sejam cumpridas.

• *Nas demais disciplinas* que fizeram parte do levantamento das outras regras, que não as de conduta, uma conversa semelhante deve ser feita: em cada uma delas é preciso buscar a razão das regras e se sua existência e cumprimento facilitam ou viabilizam algo desejável.

• Dessas atividades pode resultar um *trabalho*, em grupos, com um título assim: "As regras em nossa vida". Será um trabalho de constatação de algumas regras existentes, de sua função e de registro de motivos para a existência delas. No final, cada grupo deve ser convidado a manifestar o que pensa a respeito. Em vez de um trabalho escrito, pode-se pensar em dramatizações sobre regras em nossas vidas, a serem apresentadas pelas várias classes, seguidas de debates com a platéia. Em qualquer dos casos, *todos os professores envolvidos* nas etapas anteriores devem apresentar suas avaliações.

• Daí para a frente, nas aulas de *Filosofia*, os demais itens de programação sobre Ética devem ser desenvolvidos, tomando como referência o primeiro trabalho feito. Caberá ao professor de Filosofia estar, nessas aulas, propondo aos alunos que estabeleçam relações com as demais disciplinas, servindo-se de conhecimentos nelas obtidos ou construídos.

• Há diversas variações possíveis desse projeto. Que cada professor as pense e crie.

Exemplo 3 - Pensando juntos como pensamos e como produzimos conhecimentos.

• A idéia básica é a seguinte: *todos podemos pensar a respeito de qualquer coisa*. Por exemplo, a respeito de vivências que tenhamos tido ou nas quais estamos, no momento, envolvidos. Ou mesmo sobre algo que sabemos existir ou de que ouvimos falar. Esse pensamento, colado às nossas vivências ou colado apenas a informações rápidas, *pode produzir em nós algum conhecimento*. Pergunta-se: tal conhecimento é igual ou diferente de um conhecimento que se pode obter sobre esses assuntos, fatos, situações, etc., fazendo a respeito deles uma investigação metódica, profunda, bem analisada? E mais: pela nossa sensibilidade, podemos produzir uma forma de conhecimento que não só se expressa criativamente, mas pode, também, de forma criativa, oferecer-nos aspectos da realidade que não captamos pelas vivências mais rotineiras. *Como entender essas formas de conhecimento?*

• *Os professores de todas as disciplinas* devem participar de um primeiro momento, no qual conversam um pouco a respeito dessas questões. *O professor de Filosofia* os convida a perceber que tais questões estão encaminhando uma discussão sobre a diferença entre o conhecimento do senso comum e o conhecimento científico e uma consideração a respeito do conhecimento artístico, que decorre, também, de um pensamento criativo. Um pequeno texto sobre isso pode ser lido e discutido por todos os professores em uma reunião de estudos. Cada professor deve ter bem claro que o tratamento dado pela sua disciplina a certos aspectos da realidade é um tratamento científico. Trata-se de tratamento diferente daquele dado pelo conhecimento do senso comum. Na escola, a pretensão (ou o objetivo) é que os alunos tenham acesso a conhecimentos científicos sobre certos aspectos da realidade e que aprendam a produzir seus próprios conhecimentos de maneira também científica. Isso inclui ajudá-los a desenvolver um pensamento crítico. É objetivo, também, que eles entendam as produções artísticas, que as conheçam e desenvolvam, ainda mais, sua criatividade artística. E mais: pretende-se que eles sejam iniciados no tratamento das temáticas filosóficas e da maneira reflexiva e crítica própria da Filosofia. Isso assentado, passa-se aos momentos seguintes do projeto.

• *Em cada disciplina do currículo*, os alunos são convidados, pelos professores, a *trabalhar algum assunto da programação*, procurando diferenciar a maneira como o referido assunto é tratado nas conversas em casa ou nos grupos de amigos de como é tratado no livro didático ou em algum texto de algum especialista. Devem ser ajudados a perceber as *diferenças metodológicas*, as *diferenças em termos de profundidade das análises e em termos da maior ou menor segurança dos conhecimentos produzidos*. Devem discutir se uma eventual maior segurança do conhecimento científico o torna um conhecimento absoluto, isto é, que seja garantido para sempre, ou não. Em *Educação Artística*, pode-se conversar sobre a importância de um conhecimento cada vez mais amplo da produção artística e, principalmente, sobre o papel da arte em nossa vida e sobre aprender a apreciar e a produzir arte. Na aula de *Filosofia*, pode-se discutir o que significa essa forma de conhecimento e o que ela pode trazer às pessoas.

• *Importante*: em todas as disciplinas, os professores devem provocar os alunos para que comparem os conhecimentos de uma disciplina com os conhecimentos das demais, em termos da maneira como são produzidos e em termos de relações que este conteúdo ou aquela disciplina têm com os conteúdos das demais.

• Depois de um tempo previamente combinado para esse trabalho em cada disciplina, deverá haver o *momento de mostrar a todos* as relações mais evidentes entre as várias disciplinas, bem como se há alguma vantagem em acrescentar, ao senso comum, o domínio de outras metodologias de produção de conhecimento. Pode-se pensar em uma série de três palestras: uma de alguém que exponha aos alunos as vantagens do conhecimento científico e o papel da escola na ajuda ao acesso a este; outra em que um artista apresente a importância da arte em nossa vida e como a escola pode ser uma boa oportunidade para as pessoas conhecerem mais a respeito dessa importante produção humana; uma palestra de um filósofo que apresente seus argumentos sobre a necessidade de todos terem acesso a essa forma de conhecimento. Os alunos devem estar cientes, previamente, do conteúdo básico de cada palestra e preparar perguntas a serem feitas aos palestrantes. Cada palestra deve ter a duração máxima de 30 minutos e é preciso reservar um tempo suficiente para as perguntas dos alunos e para as respostas dos conferencistas. Todos os professores devem estar juntos com os alunos nas três palestras.

• Nas aulas seguintes, especialmente nas aulas de Filosofia, tudo isso deve merecer novas considerações. Se o processo tiver sido bem conduzido, não faltarão conteúdos para as aulas de Filosofia. Cada aluno deve ser convidado a fazer um registro escrito de algumas conclusões a que chegou. Isso pode ser um dos elementos para compor a avaliação do seu aproveitamento.

Exemplo 4 - A Arte em nossa vida.

• É possível desenvolver um belo projeto interdisciplinar com esse tema. Pode-se tomar como ponto de partida uma "feira de artes" organizada por toda a escola. Nesse evento, os alunos terão contato com várias produções artísticas: artes plásticas (o que for possível); artes cênicas (alguma peça teatral, por exemplo: na própria escola ou em algum espaço fora da escola); música (pode-se ir a um concerto; ou trazer um coral para se apresentar na escola; ou realizar oficinas nas quais possam ser comparados diversos tipos de produção musical; etc.); um bom filme em um dos dias da feira (nada mal pensar em um filme de conteúdo histórico que envolva a vida de um grande artista); uma apresentação de poesias e de contos, com exposição de livros; sessões de vídeos ou de *slides*, mostrando esculturas e exemplares da arquitetura.

• Todo o material conseguido deve ser conhecido por todos os professores antes do evento, para que organizem roteiros de atividades para os alunos. Assim, por exemplo, em *História:* pode-se pedir que os alunos identifiquem relações das obras de arte com características da época em que foram produzidas; em *Geografia*: pensar na relação das obras de arte com o meio físico ou com o tipo de atividade econômica da região ou da época; em *Ciências*: pedir que sejam observados aspectos relativos a técnicas empregadas que utilizam processos químicos, por exemplo, em que se aplicam princípios da Física ou cujos temas digam respeito a aspectos da natureza ou a tipos de alimentação, etc.; em *Língua Portuguesa* e em *Línguas Estrangeiras*: pedir identificação de estilos literários, de escolas ou de outros aspectos; em *Filosofia*: propor análises relativas a concepções do ser humano presentes nas produções artísticas ou, mais especificamente, análises sobre os critérios pelos quais as pessoas apontam como belas, ou não, tais produções.

- Após, ou mesmo durante, a realização da feira, muitas atividades podem ser desencadeadas: pequenos seminários juntando duas ou mais disciplinas (pense-se na riqueza de um seminário no qual estejam presentes as disciplinas de História e Filosofia, Filosofia e Língua Portuguesa ou Filosofia e Educação Artística); trabalhos em que os alunos sejam convidados a abordar alguma produção artística do ponto de vista da Filosofia, da História e da Literatura; ou outras combinações...

Exemplo 5 - Cidadão: aquele que faz parte da "cidade".

A "cidade" é, em sentido amplo, a *pólis*, ou seja, a sociedade, o lugar das pessoas de um mesmo grupo, com modos de viver semelhantes, falando uma mesma língua, produzindo artes com características próprias, com idéias parecidas, valores próximos, costumes quase iguais, mesmas raízes culturais e necessidades comuns, além de um mesmo espaço e uma mesma história. Ser cidadão é ser membro de tal sociedade e compartilhar direitos e deveres, além de muitas outras coisas, até mesmo as anteriormente mencionadas. Há muito em comum na constituição de uma sociedade e, por isso, há muito o que entender para que se possa compreendê-la e para que cada um possa compreender-se como cidadão.

Um trabalho interdisciplinar de estudos visando aproximar, cada vez mais, os alunos de uma compreensão da complexidade do social cabe bem no final do ensino fundamental e lhes oferece bases iniciais importantes para os estudos no ensino médio.

A disciplina Filosofia pode ser uma boa articuladora de projetos nessa direção. É possível, por exemplo, tomar como base um bom *texto* que, além de trabalhar conceitos básicos, apresente aspectos diversos da vida social e situações nas quais muitas pessoas não participam, de fato, dos bens produzidos na sociedade em que vivem e, portanto, não têm direitos básicos respeitados, pode-se propor um estudo com a colaboração de diversas disciplinas:

• Assim, à *Filosofia* cabe estudar de maneira mais específica o que são direitos e deveres e por que devem existir; além disso, deve proporcionar o entendimento inicial e uma compreensão possível do que é uma organização social e política, do que são sistemas de governo, do que é política, poder e justiça.

• À *História* compete identificar formas de governo que ocorreram ao longo da história do Ocidente e, em especial, ao longo da história do Brasil. No caso do Brasil, dar ênfase à compreensão sobre o que foram dois regimes ditatoriais e como, em ambos, os direitos foram brutalmente desrespeitados. (As novas gerações devem ser informadas sobre isso, para que a memória histórica seja um fator que ajude para que esses fatos não se repitam). Deve-se constatar como é, hoje, organizada a sociedade brasileira, do ponto de vista institucional, e o muito que ainda falta para que tenhamos uma vida democrática por inteiro.

• À *Geografia* pode caber um estudo que identifique a configuração do espaço onde se localiza essa sociedade brasileira, como é, desse ponto de vista, por exemplo, o entendimento de soberania territorial e como ocorre a relação de tal soberania com outras soberanias. É interessante discutir com os alunos em que consiste o direito de ir e vir, neste território, e como é regulado o direito de ir para outros territórios nacionais.

• À disciplina *Ciências* cabe um estudo das características raciais presentes em nossa sociedade e uma discussão a respeito do direito das pessoas de não ser discriminadas por ser descendentes de uma etnia ou outra. Um bom estudo pode ser feito relativamente à falta de base científica para tal discriminação, bem como para as discriminações por razões de gênero. Independentemente da raça, sexo e de outras características, todas as pessoas de uma sociedade devem ser tratadas igualmente como cidadãos. E isso significa o quê? Há um bom impacto nos jovens quando um professor de Ciências faz essa discussão.

• À *Educação Artística* competiria estudar as mais diversas manifestações artísticas que nos identificam como brasileiros e, portanto, nos caracterizam como tais. Aí cabe um trabalho de convite à valorização desse aspecto de nossa cultura, bem como reflexões sobre o direito de as pessoas (cidadãos) manifestarem livremente suas produções artísticas e o direito de todos de acesso aos bens artísticos. Pessoas sem arte são cidadãos menores.

• À *Matemática* pode caber um trabalho de expressão, na sua linguagem, quantificando e calculando a quantidade de pessoas que não têm vários de seus direitos de cidadãos respeitados ou atendidos, por exemplo. Ou, ainda, discutir quanto é prejudicial às pessoas não terem acesso aos conhecimentos matemáticos na escola, o que as impede de calcular orçamentos domésticos e outros e perceber os prejuízos que levam em compras, pelos altos juros embutidos e disfarçados, etc.

• Em *Língua Portuguesa* pode-se fazer a leitura de algum romance de fundo social e político e, junto com a *Educação Artística*, realizar uma representação, seguida de dabates que levem em conta tudo o que foi estudado em cada disciplina.

• É importante enfatizar que não basta que cada disciplina faça estudos sobre cada um desses aspectos: a interdisciplinaridade só acontece se, em cada disciplina, cada professor convidar os alunos a realizar, explicitamente, relações do que estão estudando em todas as demais disciplinas com o que estão estudando na sua disciplina. E mais: há que haver momentos de reunir professores e alunos para que intercambiem os estudos particulares feitos. Esses projetos demandam todo um processo que não é muito simples: é complexo, como complexa é a realidade que sempre estamos procurando entender. É, realmente, muito mais simples cada disciplina fazer seus estudos particulares em cada aula, mas isso levaria a muitas simplificações na compreensão do real. E essas simplificações trazem conseqüências funestas à vida das pessoas.

Exemplo 6 - Identificando e avaliando atitudes.

A idéia, aqui, é identificar, em textos das várias disciplinas do currículo, trechos ou passagens nas quais haja exemplos de atitudes e, de preferência, avaliações dessas atitudes apresentadas pelos autores. Isso feito, pedir que os alunos organizem, em grupos, uma pasta, ou fichário, que tenha como título: "Posicionamentos éticos nas diversas disciplinas". Nessa pasta haverá uma seção para cada disciplina na qual serão colocados os textos selecionados pelos alunos com a ajuda de seus professores. Nessa mesma seção, em seqüência ao texto (ou textos) de cada disciplina, cada grupo acrescentará um texto no qual os membros do grupo devem indicar, após uma discussão entre eles, ao menos três atitudes mencionadas nos textos selecionados de cada disciplina e, também, a posição dos autores a respeito dessas atitudes. Em uma segunda seção, da mesma pasta, cada grupo deve apresentar a posição do grupo sobre o que dizem os autores dos textos selecionados relativamente às atitudes por eles mencionadas.

Haverá, por certo, um trabalho inicial em que o *professor de Filosofia* exporá aos colegas o trabalho a ser feito e seus objetivos, dentro da temática de Ética que desenvolve com as classes de 8ª série.

Em um segundo momento, e com prazo combinado, cada disciplina realizará seu trabalho de pesquisa dos textos, escolha dos mais apropriados, comentários dentro de cada disciplina e posicionamento de cada professor.

Em um terceiro momento, nas aulas de *Filosofia*, os alunos, em grupos, deverão organizar a pasta acima mencionada, com as suas seções.

Em um quarto momento, pode-se organizar um seminário conjunto do qual participem todos os alunos das 8ªˢ séries e todos os professores. Nesse seminário, cada grupo apresenta seu trabalho e defende suas posições a respeito de uma ou duas atitudes. Em seguida, o plenário apresenta suas questões ao grupo, que responde a elas. O mesmo deve ocorrer com cada grupo. Ao final, os professores, em uma espécie de júri, apresentam a avaliação a respeito do trabalho e da apresentação de cada grupo. Pode-se expressar essa avaliação em notas ou conceitos e agregá-la como um dos itens da avaliação geral dos alunos.

Algumas sugestões: em *Língua Portuguesa* pode-se tomar um texto de algum autor que esteja sendo trabalhado com os alunos e, nesse texto, ajudá-los a identificar a menção a atitudes e a posicionamento do autor a respeito. Em *Matemática*: buscar algum texto no qual estejam explicitados, por exemplo, índices relativos a pessoas que se utilizam de bebidas alcoólicas, fumo e outras drogas ou índices de roubos, assassinatos, gente do governo ou de empresas que desvia dinheiro, empresas que falsificam peso em embalagens de produtos ou metragem, etc. Pode-se tomar textos que apresentem tabelas relativas a índices de pessoas que morrem de fome e doenças que poderiam ser evitadas por ações dos governo e que não o são, etc. Ou textos com outros dados quantificados e calculados, mas que se refiram a atitudes e que tragam alguma avaliação dos autores a respeito do assunto. Em *Ciências*: tomar algum texto que comente declarações de cientistas sobre suas atitudes em relação à sociedade ou aos outros. Há, por exemplo, textos de/sobre Oswaldo Cruz, Albert Sabin, Einstein, Oppenheimer, Jacques Monod, Vital Brasil, Mário Shemberg e outros. Neles é possível encontrar relatos sobre atitudes de compromisso com a humanidade, de solidariedade, honestidade intelectual, respeito aos colegas, cumprimento da palavra dada, etc. Importa tomá-los e verificar se foram apresentadas justificativas para os comportamentos tidos ou para o que se afirma sobre tais comportamentos. Em *Educação Artística*: trabalhar com depoimentos de artistas famosos que se apresentam em filmes, no teatro, na televisão ou de grandes cantores, músicos, intérpretes, compositores, artistas plásticos, poetas ou romancistas, etc. Em *Geografia*: buscar textos de autores que apresentem análises de atitudes consideradas irresponsáveis com relação ao meio ambiente, à vida em geral, à ocupação das terras produtivas, etc. Em *História*: tomar textos que analisem atitudes como justas ou não, corretas ou não, de pessoas, governos, povos, etc. Em *Filosofia* não faltam bons textos a respeito: na 8ª série já é oportuno que os alunos leiam e analisem textos de grandes filósofos e neles encontrem o que aqui é pedido. Pode-se obter textos com tais características em qualquer *Língua estrangeira moderna* que conste do currículo da escola.

Vale aqui lembrar o que foi dito anteriormente: 1) que as atividades propostas possam ser desenvolvidas com muitas variações, com grupos pequenos de disciplinas, com outras temáticas, etc.; 2) que, se o objetivo for um trabalho interdisciplinar, todos os professores envolvidos deverão tratar o tema em suas aulas e saber apontar as inter-relações realmente existentes nas várias disciplinas. Somente assim os alunos vão percebê-las mais facilmente (é o trabalho de ajuda educacional de cada professor nessa direção) e terão exemplos vivos de atitudes interdisciplinares.

Há muitas possibilidades de elaboração e de execução de projetos interdisciplinares. Eles são importantes e são interessantes como oportunidades de desenvolvimento dessa necessária atitude nos alunos. Entretanto, talvez mais importante que projetos especiais seja a atitude interdisciplinar que os professores deverão internalizar e sempre passar a seus alunos, incentivando-os e cobrando deles a mesma atitude. E isso sem descaracterizar o tratamento específico que cada disciplina deve dar aos diversos temas e assuntos. Se não houver disciplinas com conteúdos e métodos claros, não haverá como relacioná-las entre si de maneira enriquecedora da compreensão. De fato, não há como haver o interdisciplinar se não houver o "disciplinar". Em contrapartida, também o interdisciplinar não ocorrerá, se não houver o "entre" a ser buscado nas relações identificadas e representadas no processo de conhecimento.

Capítulo VII

ESTÁGIO E PRÁTICAS

Estágio e práticas

Na série Saberes Pedagógicos e Formação de Professores, *desta coleção, há um livro sobre* Estágio e formação docente. *Nesse livro constam as idéias básicas sobre a importância e necessidade do estágio na formação de todo professor. É uma leitura necessária e, portanto, obrigatória. Se tanto os professores dos cursos superiores de formação de futuros docentes como as unidades escolares que vão recebê-los se convencessem da importância do estágio na formação dos professores, esse espaço se tornaria um lugar privilegiado na preparação de bons profissionais para a educação escolar.*

Cabe a todos tornar isso um fato, isto é, tornar o espaço do estágio esse lugar privilegiado de formação de professores, no qual o que foi ou está sendo estudado pode ser cotejado com o que está acontecendo na sala de aula. Não só: no estágio, o futuro professor observa, organiza os dados observados, reflete sobre eles, elabora perguntas importantes, formula suas hipóteses, troca suas perguntas e hipóteses com os professores e demais educadores da escola que o recebe, troca-as com os professores da instituição de ensino superior onde estuda e, nesse movimento (se realmente o fizer), amplia sua compreensão inicial da prática profissional que escolheu. A compreensão mais ampla, além da inicial, só ocorre ao longo da própria vida profissional, se acompanhada da constante reflexão sobre ela e nela imbricada.

Mas há mais: é no período do estágio que o futuro professor precisa e deve ter suas primeiras experiências práticas com alunos, em situação de aula. É fundamental que as unidades escolares lhe propiciem momentos de regência de aulas. Tais momentos devem ser bem planejados e ser acompanhados por professor experiente que ofereça depois uma avaliação. Tal avaliação deve merecer considerações por parte dos professores da instituição de ensino superior que, juntamente com o aluno-estagiário, devem extrair daí indicações para seu futuro profissional.

E mais: é no estágio que se pode sentir o "clima" de uma escola; o "clima" das várias salas de aula; o "clima" de reuniões de professores e o que nelas ocorre; o "clima" de reuniões de pais e o que nelas ocorre; e tantos outros "climas" e ocorrências que nenhum livro pode trazer ou apresentar. E, ao estar (observando e participando) em mais de uma escola, o estagiário perceberá que os referidos "climas", ainda que tenham algo em comum, são específicos de cada realidade escolar.

Tudo isso é importante na preparação do professor. O estágio é uma primeira entrada na experiência concreta da vida da escola. A rigor, dada a importância do trabalho do professor para a sociedade e suas repercussões na vida das crianças e jovens (repercussões muitas vezes invisíveis e que podem ser boas ou ruins), o pouco tempo do estágio não deveria bastar. Além dele, todo professor iniciante, após o curso universitário, deveria realizar um ou dois anos de experiência remunerada, acompanhada por professores mais experientes e por outros especialistas da escola. Uma espécie de "residência pedagógica" à semelhança da residência médica.

No caso do ensino de Filosofia no ensino fundamental, as oportunidades para a realização de estágios supervisionados existem em muitos lugares do Brasil. Há muitas escolas que têm classes do ensino fundamental com aulas de Filosofia. Por tudo o que foi dito acima, é importante localizá-las e participar dessa experiência como parte da formação do futuro professor.

Veja-se o Capítulo IX.

Tal participação, porém, deve ser planejada e ocorrer buscando, no mínimo, certas informações, certos dados e certas vivências que permitam reflexões capazes de oferecer, realmente, indicações substantivas para a preparação profissional do professor de Filosofia.

Algumas indicações para esse planejamento e para a realização do estágio podem ser pensadas.

1) É necessário *dispor de alguma teoria* a respeito do que é ou do que deve ser o ensino de Filosofia no ensino fundamental. Essa é uma idéia recente, mas que já tem uma história e uma literatura a respeito, como será apresentado no próximo capítulo. Nos cursos de graduação em Filosofia, esse tema quase inexiste. Mas, se os alunos, futuros professores, quiserem informações a respeito, será preciso criar espaços para tanto. Ou então, esses alunos deverão buscar tais informações em outras instituições ou em leituras feitas por eles mesmos. É muito mais proveitoso ir à prática munido de referências teóricas produzidas com base nessa prática do que ir a ela sem tais referências. O importante é não tomar tais referências como últimas palavras a respeito: toda teoria é apenas um modelo que deve ser sempre "re-olhado", isto é, "re-visto" por quem o toma. A revisão não implica,

necessariamente, negação do já visto; ela pode até confirmá-lo. Pode, entretanto, alterá-lo, ampliá-lo e até negá-lo.

2) É necessário *organizar um roteiro do que se fará nos momentos de estágio*. Nesse roteiro devem estar incluídos alguns elementos, como: *objetivos* pretendidos com o estágio (isso merece uma boa discussão entre o aluno estagiário e seus professores do ensino superior); *maneiras de estar* junto com alunos das classes em que o estágio se realizará e junto com o professor dessas classes, além de maneiras de estar em outras situações do estágio; *as situações de estágio*, isto é, as diversas práticas que ocorrem em uma escola nas quais um professor está envolvido ou que têm relação com o seu trabalho (aulas, reuniões, conselhos de classe e série, reuniões com os pais, atividades extraclasse, festas ou comemorações escolares, atividades de planejamento, etc.); *o que fazer, como estagiário, nessas diversas situações*: o que observar, o que minimamente registrar, do que e como participar, as regências de aulas e como prepará-las e realizá-las, os relatórios a ser apresentados aos professores da instituição de ensino superior onde estuda, etc.

3) Indicação de como o processo de estágio será *acompanhado* pela escola onde se realizará e pela instituição de ensino superior à qual pertence o aluno estagiário.

4) Outros elementos conforme o que está indicado no livro desta coleção, já mencionado: *Estágio e formação docente*.

Algumas considerações podem ser feitas, aqui, relativas aos aspectos já mencionados no item 2. Podemos tomá-los, um a um, pensando em um estágio relativo ao ensino de Filosofia no ensino fundamental.

- *Objetivos*. Pretende-se, com um estágio como esse, observar a realização de aulas de Filosofia nesse nível de ensino, participar de atividades a elas relacionadas e exercitar a atividade de docência em aulas de Filosofia com o acompanhamento e avaliação de profissionais da escola. Pretende-se, com tais atividades de estágio, acrescentar elementos de formação do futuro professor de Filosofia no ensino fundamental.

- *Situações de estágio*. A situação privilegiada é a da sala de aula. Na sala de aula serão realizadas atividades de observação, de regência e de outras formas de participação. Mas há outras situações nas quais é importante estar presente observando e participando: são as situações já mencionadas acima.

- *O que fazer nas diversas situações de estágio*.

a) Em todas elas é fundamental *observar e registrar os resultados* das observações. Uma primeira observação vem do ouvir. Isso mesmo: ouvir do professor responsável pela classe em que se vai estagiar o que ele se propõe trabalhar com seus alunos. Por que propõe estes conteúdos e estas atividades? Como realiza a avaliação? Como vê a postura dos alunos? Etc. Se possível, deve-se pedir a esse professor que forneça uma cópia do seu plano de ensino. Deve-se lê-lo com cuidado. Ele é um guia da prática do professor e uma declaração de intenções. É no plano de ensino que estão indicados os conteúdos de Filosofia que se pretende trabalhar, as indicações bibliográficas, a metodologia, a forma de proceder à avaliação no ensino de Filosofia: há muito para ver e aprender com os professores que estão na prática. Em segundo lugar, deve-se observar o que realmente é feito em sala de aula. Pelo professor e pelos alunos. Quanto ao professor, é importante observar várias coisas: sua forma de explicar; a linguagem que utiliza; seu entusiasmo e envolvimento com os temas; a utilização de outras formas de trabalhar que não sejam as aulas expositivas; seu relacionamento com os alunos, etc. Quanto aos alunos, deve-se observar se têm interesse pelos conteúdos de Filosofia que estão sendo trabalhados; sua forma de comportar-se nas aulas; suas maneiras de relacionar entre si e com o professor; se fazem perguntas; se se envolvem nas atividades propostas pelo professor; se demonstram interesse pelos conteúdos de Filosofia, etc. Quanto à situação da sala de aula, há muito que observar: quantidade de alunos por sala; organização das carteiras; iluminação; ventilação; limpeza; conforto em geral; proximidade com fontes de barulho, etc. E outros aspectos. Todas as impressões do estagiário, resultantes de sua observação, devem merecer registro escrito, para posteriores considerações e reflexões, tanto particulares quanto com os professores de seu curso. É importante notar que tais registros não podem servir como fonte de divulgação de "defeitos" que o estagiário julga existir na escola. Utilizar essas informações, dessa forma, é antiético. Seus registros e observações devem ser partilhados com o professor da classe e, em certos casos, com a direção da escola: até para que seus juízos possam dispor das análises das pessoas que estão envolvidas na própria realidade observada.

b) Nas atividades de estágio, além de observar, é importante, sempre que possível, *participar de atividades*. Participar em sala de aula de atividades realizadas em grupos; participar de debates; orientar, com a permissão do professor da classe, desenvolvimento de pesquisas ou estudos dirigidos; solicitar ao professor permissão para ler as avaliações escritas dos alunos (jamais pretender "corrigi-las", pois essa é tarefa e prerrogativa do professor da classe); participar de atividades extraclasse; etc. Participar, em outras situações, fazendo perguntas e até levantando, de forma adequada e prudente, sugestões. Essas situações outras são: reuniões de professores, de pais, de planejamento, de conselhos de classe, etc. Nessas últimas, é importante procurar saber o que pensam os demais professores e os pais a respeito do ensino de Filosofia.

c) Nas atividades de sala de aula, tentar sempre a oportunidade de *regência de aulas*. Essa é uma atividade importante. É uma primeira experiência de ser professor de Filosofia, encarregado de coordenar as atividades dos alunos: seja realizando uma aula expositiva, seja coordenando uma atividade que os alunos realizarão em grupos, seja qualquer outro tipo de aula. Para isso é fundamental que: 1) tenha havido um tempo razoável de observação da classe; 2) a regência tenha sido combinada com o professor da classe; 3) tenha sido bem preparada com a ajuda do professor da classe e do professor da instituição de ensino superior responsável pelo estágio; 4) seja observada pelo professor da classe e, após a aula, seja por ele avaliada. Tal experiência deve merecer registro especial e, posteriormente, servir para reflexões e análises. Quanto mais experiências de regência de aulas puderem ser realizadas, melhor.

- Os professores das instituições de ensino superior que orientam estágios e muitas escolas que recebem o estagiário exigem que este elabore e apresente um plano de estágio. Há orientações variadas sobre como elaborar o plano de estágio, bem como sobre os itens que deve conter e sua forma de apresentação. O importante é que haja um bom plano de estágio, resultado de um bom processo de planejamento do estágio a ser realizado. Idéias a respeito constam do livro desta coleção, já mencionado: *Estágio e formação docente*.

Capítulo VIII

Ensino fundamental e Filosofia: já há uma história

Ensino fundamental e Filosofia: já há uma história

Há algumas experiências com ensino de Filosofia no ensino fundamental em curso no Brasil e em outros países. Serão relatadas três dessas experiências que são de nosso conhecimento e que podem ser acessadas com relativa facilidade. São experiências ligadas a instituições e envolvem um trabalho mais sistemático. Temos notícias de experiências de caráter mais individual, mas não dispomos de informações relativas a materiais de consulta nem de fontes de acesso a elas.

1. Programa de Filosofia para Crianças de Matthew Lipman

Com a denominação de Filosofia para Crianças, surge, nos Estados Unidos da América, em 1969, um programa filosófico-educacional criado e desenvolvido por Matthew Lipman. Durante os anos de 1970 a 1974, esse programa é acolhido em diversas escolas e ganha apoio da Universidade Estatal de Montclair, em Nova Jersey. Lipman apresenta suas idéias aos filósofos e educadores e tem, a partir daí, a parceria de Ann Margareth Sharp, que, com ele e, mais tarde, com outros filósofos e educadores, desenvolve os aspectos metodológico-didáticos do novo programa.

A concepção de Lipman contém três idéias básicas:

• Primeiramente, ele está interessado em propor aos alunos, inicialmente a partir da 5ª série, momentos de indagação e reflexão sobre o que denominou de *"ideais que norteiam a vida de todas as pessoas"*. Para ele, realizar tal indagação e reflexão é altamente educativo e, por isso, isso deve ser posto à disposição das crianças e jovens, o mais cedo possível.

> *A filosofia oferece um fórum no qual as crianças podem descobrir, por si mesmas, a relevância, para suas vidas, dos ideais que norteiam a vida de todas as pessoas* (Lipman, 1990, p. 13).

Se criarmos condições para que estudem, analisem e investiguem juntas e coloquem esses ideais sob a mira de exames rigorosos, não só podem descobrir, mas, com nossa ajuda, deixarão de ser passivas diante deles e participarão ativamente de sua contínua articulação. Essa idéia relativa à preparação de crianças e jovens, para que não sejam passivos diante dos "ideais que norteiam a vida de todas as pessoas" — *ideais estes, presentes em todo e qualquer cultural* —, é assim apresentada:

> *Para muitos adultos a experiência de se admirar e refletir nunca exerceu nenhuma influência sobre suas vidas. Assim, estes adultos deixaram de questionar e de buscar os significados de sua experiência e, finalmente, se tornaram exemplos de aceitação passiva que as crianças acatam como modelos para sua própria conduta. Desse modo a proibição de se admirar e questionar se transmite de geração para geração. Em pouco tempo, as crianças que agora estão na escola serão pais. Se pudermos, de algum modo, preservar o seu senso natural de deslumbramento, sua prontidão em buscar o significado e sua vontade de compreender o porquê de as coisas serem como são, haverá uma esperança de que ao menos essa geração não sirva a seus próprios filhos como modelo de aceitação passiva* (Lipman et al., 1994, p. 55).

Daí sua proposta:

> *Talvez em nenhum outro lugar a filosofia seja mais bem-vinda do que no início da educação escolar, até agora um deserto de oportunidades perdidas* (Lipman, 1990, p. 20).

- Em segundo lugar, ele está interessado em que crianças e jovens, ao investigarem os "ideais que norteiam a vida das pessoas" e refletir sobre elas, o façam nos moldes da investigação filosófica: isto é, o façam reflexivamente, com rigor, sistematicidade, com profundidade ou radicalidade e de forma contextualizada, de tal modo que possam ir construindo visões abrangentes relativas aos sentidos ou significados de tudo e de si mesmos na realidade. Pois é de tais visões que decorrem os ideais reguladores da vida das pessoas. Não só isso: Lipman julga que, se crianças e jovens, tiverem acesso a algumas abordagens da Filosofia relativas ao pensar, ao processo do conhecer, às investigações sobre o raciocínio, campos de investigação da Teoria do Conhecimento e da Lógica, eles poderão estar aprendendo a "prestar mais atenção" na sua própria maneira de pensar (o que ele chama de metacognição) e, a partir daí, poderão estar cuidando melhor do próprio pensamento. Ele propõe uma educação para o pensar que se sirva tanto do exercício do filosofar quanto das abordagens da própria Filosofia. Essa idéia de um programa de Filosofia que seja, também, um programa de educação para o pensar é expressa em várias obras. Um exemplo pode ser a seguinte passagem:

> *A Filosofia é uma disciplina que inclui a lógica e, portanto, se ocupa em introduzir os critérios de excelência no processo do pensar para que os estudantes possam caminhar do simples*

ato de pensar para o pensar bem. Ao mesmo tempo, a tradição filosófica, desde o século VI a.C., tem sempre lidado com um conjunto de conceitos considerados importantes para a vida humana ou relevantes para o conhecimento humano. Exemplos desses conceitos são: justiça, verdade, liberdade, bondade, beleza, mundo, identidade pessoal, personalidade, tempo, amizade, liberdade e comunidade. Alguns desses conceitos, todavia, estão mal definidos e muitos deles são altamente controversos. Mas eles apresentam o esforço combinado de muitos filósofos durante diversas gerações no sentido de introduzir ordem e clareza na nossa compreensão. Sem conceitos como esses, funcionando como idéias reguladoras, teríamos muito mais dificuldade em dar sentido à nossa experiência (Lipman et al., 1994, p. 47-48).

- Em terceiro lugar, Lipman propõe às escolas que busquem organizar as salas de aula, tanto em Filosofia quanto nas demais disciplinas, como "pequenas comunidades de investigação". Essa idéia de comunidade de investigação, a constrói com elementos buscados, segundo ele, em Sócrates, Platão, Dewey, Peirce, Martin Buber e Paulo Freire. Para ele, a melhor forma de organizar a investigação a respeito de qualquer tema é aquela que o faz em um processo de diálogo investigativo. Essa seria a forma própria da investigação filosófica e deveria ser a forma própria de investigar de todas as áreas do conhecimento.

> *O fazer filosofia exige conversação, diálogo e comunidade, que não são compatíveis com o que se requer na sala de aula tradicional. A filosofia impõe que a classe se converta numa comunidade de investigação, onde estudantes e professores possam conversar como pessoas e como membros da mesma comunidade; onde possam ler juntos, apossar-se das idéias conjuntamente, construir sobre as idéias dos outros; onde possam pensar independentemente, procurar razões para seus pontos de vista, explorar suas pressuposições; e possam trazer para suas vidas uma nova percepção de o que é descobrir, inventar, interpretar e criticar* (Lipman et. al., 1994, p. 61).

Para concretizar tal proposta, Lipman produz textos, em forma de narrativas, nos quais os personagens são pessoas em situações comuns da vida diária e nos quais alguns deles levantam questões a respeito de aspectos presentes nessas situações, as quais exigem uma atenção especial, como: a correção ou não de atitudes (campo da moral e da ética); a veracidade de afirmações e como se pode obtê-la (campo da teoria do conhecimento); a correção ou validade de conclusões (campo da lógica); sobre se as pessoas estão sendo tratadas mesmo como pessoas e sobre o que é ser uma pessoa (campo da antropologia filosófica); sobre o que é a natureza e que tipo de relação temos de ter com ela (campo da ontologia); o que é viver em sociedade e o que é mesmo sociedade (campo da filosofia social e política); etc.

Essas narrativas, ele as denomina de "novelas filosóficas", porque entende que não são qualquer tipo de narrativa. São narrativas com conteúdos filosóficos, isto é, nelas estão presentes as temáticas filosóficas e questões relativas a elas. Não só: quando lidas pelos alunos, suscitam neles os questionamentos relativos a tais temáticas. Seus questionamentos podem ser os mesmos dos personagens das "novelas" ou outros questionamentos. É com base nesses questionamentos que se desenvolve o diálogo investigativo na busca da construção de possíveis respostas. As respostas não devem ser "as do grupo" nem a de alguma doutrina filosófica; elas devem ser "as de cada um", com base na elaboração que cada um faz ao ter participado coletivamente tanto dos questionamentos quanto das elaborações e trocas de pontos de vista ocorridas no grupo. Há "conclusões" sendo buscadas: conclusões sempre sujeitas a novas análises. Mas não há a intenção de obter uma conclusão igual para todos. Pois não se trata de não concluir: trata-se de não concluir no lugar do outro. Lipman acredita que, trabalhando assim, as crianças e jovens serão estimulados a ter um pensamento autônomo, um "pensar por si mesmos". E acredita, também, que as conclusões individuais não levarão ao relativismo, porque, em um trabalho de elaboração coletiva, como é o caso da "comunidade de investigação", as conclusões individuais refletirão consensos que a análise crítica coletiva pode sugerir. Lipman tem duas preocupações fundamentais: a de evitar o relativismo e a de evitar a doutrinação que impõe determinado ponto de vista. Para evitar a ambos, ele aposta na força dos argumentos que são trocados, analisados, pensados, e repensados criticamente, no grupo de investigação.

As "novelas filosóficas" de Lipman são o material didático utilizado com os alunos. São elas: *Issao e Guga* (1ª e 2ª séries); *Pimpa* (3ª e 4ª séries); *A descoberta de Ari dos Telles* (5ª e 6ª séries); *Luíza* (7ª e 8ª séries). Há uma novela utilizada com crianças de 6 ou 7 anos que não é de autoria de Lipman, mas de Ronald Reed, um dos participantes do movimento de Filosofia para Crianças. Essa novela chama-se *Rebeca*.

Para cada novela filosófica há um Manual do Professor que contém sugestões de planos de discussão relativos aos temas e às questões que os alunos possivelmente levantem ao ler as novelas. Eles servem como ajuda ao professor para que amplie os questionamentos dos alunos. Além disso, nesses manuais, há exercícios voltados ao desenvolvimento das várias habilidades de pensamento: são exercícios diretamente relacionados aos contextos das passagens de cada novela.

A prática com esses materiais tem demonstrado que eles, por si mesmos, não são suficientes para o trabalho com a metodologia proposta por Lipman: há a necessidade de cursos de formação inicial e continuada para tal fim.

Essa proposta acabou sendo conhecida em muitos países do mundo: no Canadá, no México, em vários países da América Central, em quase toda a América do Sul (no Brasil, Argentina, Uruguai e Chile, o trabalho com esse programa é bastante desenvolvido), na Austrália, na China, em países da Europa, como Espanha, Itália, Áustria, Inglaterra, Portugal, Bélgica, Islândia, Rússia, etc.

No Brasil, o Programa de Filosofia para Crianças (PFC) ficou conhecido, a partir de 1984, por meio da professora Catherine Young Silva, que cursou Filosofia na USP e na PUC/SP. No final de 1984, foi a responsável pela realização de uma palestra de Ann Margareth Sharp na PUC/SP. Algumas pessoas que ali estiveram presentes passaram a estudar a proposta e fundaram, juntamente com Catherine Young Silva, o Centro Brasileiro de Filosofia para Crianças (CBFC). Essa instituição traduziu e adaptou os materiais do PFC de Lipman, obteve os direitos de editoração e passou organizar cursos de formação de professores para o trabalho com o referido programa em escolas. Há muitas escolas particulares e públicas, no Brasil, trabalhando com essa proposta.

O autor deste livro fez parte desse grupo inicial de constituição do CBFC e continua membro dessa instituição.

Pode-se dizer que o trabalho com o Programa de Filosofia para Crianças de Lipman, a partir de 1985, foi o desencadeador da existência de esforços na direção da iniciação filosófica de crianças e jovens no Brasil, abrindo o espaço para a Filosofia no ensino fundamental.

Há vasta bibliografia sobre esse programa já publicada no Brasil, bem como a possibilidade de obter informações pela Internet, no endereço: www.cbfc.com.br

Nessa página podem ser encontradas informações gerais sobre o PFC, sobre cursos, exemplares do jornal *FolhaPhi* e *links* para acesso a outras páginas nacionais e de outros países.

Vídeos:

EDUCAÇÃO para o pensar. CBFC e ATTA Mídia e Educação. São Paulo,1999.

ENCONTRO com Matthew Lipman. CBFC e ATTA Mídia e Educação. São Paulo,1999.

Livros:

DANIEL, M-F. *A filosofia e as crianças*. São Paulo: Nova Alexandria, 2000.

KOHAN, W. O. *Filosofia para crianças*. Rio de Janeiro: DP&A, 2000.

_____ ; WUENSCH, A. M. *Filosofia para crianças*: a tentativa pioneira de Matthew Lipman. Petrópolis: Vozes, 1999. (Série filosofia e crianças v. 1).

_____ ; WAKSMAN, V. *Filosofia para crianças na prática escolar*. Petrópolis: Vozes, 1999. (Série filosofia e crianças, v. 2).

_____ ; LEAL, B. (Orgs.). *Filosofia para crianças em debate*. Petrópolis: Vozes, 1999. (Série filosofia e crianças, v. 4).

LIPMAN, M. *A filosofia vai à escola*. São Paulo: Summus, 1990.

_____ et al. *A filosofia na sala de aula*. São Paulo: Nova Alexandria, 1994.

_____. *O pensar na educação*. Petrópolis: Vozes, 1995.

_____. *Natasha:* diálogos vygotskianos. Porto Alegre: Artes Médicas, 1997.

SANTOS, N. *Filosofia para crianças*: investigação e democracia na escola. São Paulo: Terceira Margem, 2000.

SILVEIRA, R. J. T. *A filosofia vai à escola?:* contribuição para a crítica do Programa de Filosofia para Crianças de Matthew Lipman. Campinas: Autores Associados, 2001.

SPLITTER, L.; SHARP A. M. *Uma nova educação*: a comunidade de investigação na sala de aula. São Paulo: Nova Alexandria, 1999.

WUENSCH, A. M. et al. *Experiências pedagógicas com a filosofia*. Brasília: INEI, 1999.

Materiais didáticos do PFC: informações junto no Centro Brasileiro de Filosofia para Crianças. São Paulo, SP. Tel: (11) 3884 9600.

Outras publicações:

APRENDER A PENSAR. Revista internacional de los Centros Iberoamericanos de Filosofía para niños y niñas y de Filosofia para crianças. Madrid: Ediciones de la Torre.

CENTRO BRASILEIRO DE FILOSOFIA PARA CRIANÇAS. *Coleção pensar.* v. 5. São Paulo: À disposição no site: http://www.cbfc.com.br

FOLHAPHI. Jornal do Centro Brasileiro de Filosofia para Crianças. São Paulo. Tel: (11) 3884 9600.

2. Filosofia no ensino fundamental:
Centro de Filosofia
Educação para o Pensar

Em Florianópolis, Santa Catarina, um grupo que esteve inicialmente ligado ao Centro Brasileiro de Filosofia para Crianças e utilizou os materiais produzidos por Lipman desenvolveu e continua a desenvolver, desde 1998, materiais próprios e uma abordagem também própria para o ensino da Filosofia. Esse grupo constitui o Centro de Filosofia Educação para o Pensar e denomina sua proposta de "Filosofia no Ensino Fundamental".

Essa proposta dispõe de materiais didáticos para os alunos (quatro novelas filosóficas) e materiais de apoio para os professores (um Manual do Professor para cada novela). Os materiais foram concebidos buscando semelhanças com os materiais do Programa de Filosofia para Crianças de Lipman, que também têm, para cada etapa de dois anos do ensino fundamental, uma "novela filosófica" e um manual do Professor. Há, porém, diferenças consideráveis de concepção do que é um trabalho de iniciação filosófica de crianças e jovens e diferenças, também consideráveis, na concepção teórica apresentada nos manuais do professor.

Alguma fontes de informação:

Página na Internet: http://www.centro-filos.org.br

Livros:

Os materiais didáticos da proposta e livros de apoio para o professor podem ser obtidos na Editora Sophos, em Florianópolis, SC. Tel.: (48) 222 8826.

Outras publicações:

CORUJINHA. Jornal do Centro de Filosofia Educação para o Pensar. Florianópolis.

PHILOS. Revista Brasileira de Filosofia no Ensino Fundamental. Florianópolis: Centro de Filosofia Educação para o Pensar.

3. Projeto Filosofia na Escola

Esse projeto teve início em 1998, em Brasília (DF), por iniciativa dos Departamentos de Filosofia e Teoria e Fundamentos da UnB:

> ... tendo por objetivo principal criar espaços para promover a prática filosófica com crianças, adolescentes e jovens, na Educação Infantil, no Ensino Fundamental e no Ensino Médio em escolas da rede pública do Distrito Federal (Ribeiro, 2000, p. 74).

Entre seus idealizadores e coordenadores, estão os Professores Walter Omar Kohan e Ana Mirian Wuensch, ambos ligados à proposta de Lipman, no tocante a suas bases teóricas. Contudo, não estão ligados à maneira como o PFC de Lipman é trabalhado pelo Centro Brasileiro de Filosofia para Crianças. Não utilizam os materiais didáticos de Lipman nem organizam os cursos de preparação de professores da mesma forma. É uma experiência que merece a atenção dos professores de Filosofia em geral: tanto pelas suas bases teóricas, que, acolhendo as idéias do PFC, vão além delas, quanto pela experiência de utilização de outros materiais didáticos e pelo trabalho desenvolvido em classes de escolas públicas. É um novo caminho e, na nossa opinião, promissor.

Temos notícia de que há uma experiência parecida, em escolas públicas da região de Campinas (SP), que conta com a participação do prof. Sílvio Gallo, da Unicamp.

Para maiores informações sobre essas experiências, é necessário entrar em contato com o Departamento de Filosofia ou com o Departamento de Fundamentos da Universidade de Brasília e, em Campinas (SP), com a Faculdade de Educação da Unicamp.

Há um livro sobre essa proposta no qual constam suas bases teóricas e relatos de experiências: KOHAN, W. O.; LEAL, B.; RIBEIRO, A. *Filosofia na escola pública*. Petrópolis: Vozes, 2000.

4. Pesquisas sobre o ensino de Filosofia no ensino fundamental

A produção de pesquisas, nesse campo, faz parte significativa da história do ensino de Filosofia no ensino fundamental. Há diversas dissertações de mestrado e teses de doutorado sobre o tema e dezenas de monografias produzidas na universidades.

Ressalte-se, nesse particular, o PROPHIL, um núcleo de pesquisa que funciona no Departamento de Filosofia e do Instituto de Educação da Universidade Federal de Mato Grosso, em Cuiabá, e que é coordenado pelo prof. Peter Büttner.

Entre os objetivos desse programa inclui-se o desenvolvimento de pesquisas relativas a um trabalho de *"fazer das aulas, 'comunidades de investigação' a partir de um programa de temas de cunho filosófico, transcultural, interdisciplinar e do interesse e da vivência dos alunos"*.

Nas pesquisas produzidas podem ser encontradas concordâncias e discordâncias, quer com a idéia de "ensino de Filosofia" no ensino fundamental, quer com as propostas relativas a tal ensino. É fundamental que sejam lidas e analisadas.

A seguir, uma relação de dissertações de mestrado e teses de doutorado:

AMSTALDEN, A. L. F. *Filosofia com crianças*: construção de conhecimento e desenvolvimento psicológico. São Paulo: Instituto de Psicologia/USP, 2002. (Dissertação de mestrado).

CARVALHO, A. de L. *Educação criativa*: o desenvolvimento da criatividade no paradigma filosofia para crianças. Cuiabá: UFMT, 1995. (Dissertação de mestrado).

FERNANDES, C. A. V. *Filosofia para crianças*: uma proposta pedagógica construtivista. São Paulo: PUC/SP, 1991. (Dissertação de mestrado).

FREIRE, R. de B. *Educar para o pensar*: a filosofia na educação. Cuiabá: UFMT, 1994. (Dissertação de mestrado).

_____. *Elementos para pensar a universidade*. Cuiabá, UFMT, 1999. (Tese de doutorado).

JOERKE, G. A. O. *Do diálogo e do dialógico e sua relação com o pensamento no referencial da educação para o pensar*. Cuiabá: UFMT, 1997. (Dissertação de mestrado).

KOHAN, W. O. *Pensando la filosofía en la educación de los niños*. Mexico: Universidad Iberoamericana, 1996. (Tese de doutorado).

NUNES, V. da C. *Educação, prazer e corporeidade a partir da análise de experiências com Filosofia para crianças*. Cuiabá: UFMT, 1999. (Dissertação de mestrado).

PEREIRA, P. C. *O desenvolvimento de habilidades cognitivas pelo ensino de filosofia para crianças*. Recife: UFPE, 1997. (Dissertação de mestrado).

PERIN, M. L. M. S. *Paradigma pedagógico-filosófico:* filosofia para crianças. Porto Alegre: PUC/RS, 1997. (Dissertação de mestrado).

SANTOS, N. *Filosofia para crianças*: uma proposta democratizante na escola? São Paulo: PUC/SP, 1994. (Dissertação de mestrado).

SILVA, R. M. da. *O filosofar como paradigma de reavaliação, superação e avanço na educação*. Cuiabá: UFMT, 1995. (Dissertação de mestrado).

SILVEIRA, R.V. *Experiência de Filosofia*: análise de uma proposta de ensino de filosofia no primeiro grau. São Paulo: USP, 1996. (Dissertação de mestrado).

SILVEIRA, R. J. T. *A filosofia vai à escola?:* estudo do Programa de Filosofia para Crianças de Matthew Lipman. Campinas: Unicamp, 1998. (Tese de doutorado).

TEIXEIRA, B. L. *O filosofar infantil no contexto escolar. Brasília*: UnB, 1997. (Dissertação de mestrado).

THEOBALDO, M. C. *Racionalidade, ética e educação*. Cuiabá: UFMT, 1996. (Dissertação de mestrado).

WEIMER, M. T. M. *Uma interlocução entre Paulo Freire e Matthew Lipman na educação pública*: educando para o pensar. Cuiabá: UFMT, 1998. (Dissertação de mestrado).

5. Outras obras sobre o ensino de Filosofia no ensino fundamental

Além das obras já citadas em cada proposta ou experiência acima mencionadas, indicamos:

BERRIOS, M.; Kohan, W. *Una outra mirada*: niñas y niños pensando en America Latina. Puebla, Mexico: Universidad Iberoamericana, 1995.

HENNING, L. M. P. (Org.) *Apoio ao ensino de Filosofia nas séries iniciais*. Londrina: Editora da Universidade Estadual de Londrina, 1999.

KOHAN, W. O.; KENNEDY, D. *Filosofia e infância*: possibilidades de um encontro. Petrópolis: Vozes, 1999. (Série filosofia e crianças, v. 3).

MATTHEWS, G. B. *El niño y la filosofía*. Mexico: Fondo de Cultura Económica, 1983.

TELES, M. L. S. *Filosofia para crianças e adolescentes*. Petrópolis: Vozes, 1999.

Apêndice

Apêndice

Sobre "contextos significativos" e "bem planejados" que podem ser utilizados como proposta inicial provocativa de investigações relativas a temáticas filosóficas.

O que é apresentado, aqui, são apenas indicações preliminares. Elas devem ir se completando com base em novas buscas e indicações, e, no caso de professores e futuros professores, cada um deve ir construindo um acervo dessas indicações.

Sugerimos retomar o que está escrito no Capítulo IV, no item "Contextos bem planejados", e as passagens do Capítulo VI nas quais são dados exemplos de "contextos significativos" possíveis.

Há algumas idéias básicas precisam ficar claras. Primeiro, a idéia de contexto significativo. Uma das grandes queixas de estudantes, tanto do ensino fundamental e médio quanto do ensino superior é que certos conteúdos propostos para estudo não fazem o menor sentido. Não têm significação. Conforme expusemos no Capítulo IV, os contextos são "o berço das significações", porque nada faz sentido isolado das relações em que está inserido. Os contextos, ou a contextualização, nos ajudam a atinar com o sentido de um dado: seja esse dado um objeto, seja uma parte de um objeto, seja uma idéia, seja uma ação, etc.

Os alunos poderão sentir-se convidados a examinar determinados conceitos, doutrinas ou autores, se isso lhes for apresentado em contextos nos quais eles surgem.

Nas aulas de Filosofia, especialmente naquelas de iniciação filosófica, como as que estamos propondo neste livro, queremos que nossos alunos se interessem por certos temas e, dentro deles, por certos conceitos. Ora, esses temas não estão despregados das situações existenciais humanas. Pelo contrário, são temas e conceitos intimamente imbricados em nossa vida. Tão imbricados que nos perguntamos a respeito deles de diversas maneiras e sob as mais variadas formas de perguntas. Só que isso não é tão claro assim, em um tipo de vida como o nosso, todo tomado por grande movimentação externa: seja nos deixando envolver pelos apelos da mídia, das notícias, dos eventos, seja pela participação em tantas atividades, etc. E tudo de maneira muito rápida, não nos permitindo prestar atenção mais duradoura em quase nada. Não há um convite nem tempo para um pensar mais demorado, mais reflexivo, sobre aspectos fundamentais de nossa vida.

Assim, não é fácil nem proveitoso chegarmos às salas de aulas com temas e conceitos muito importantes, porém descolados de contextos que possam torná-los minimamente significativos. E mais: há que procurar por contextos o mais possível ligados às vivências dos alunos, à sua experiência, até imediata. Não para aí permanecer, mas para ir mais longe, mais "alto", de tal maneira que essa experiência possa ser contemplada sabiamente e, sabiamente, interpretada. É preciso sair da pura imediatidade e alçar vôo ao conceito que interpreta e plenifica a vida humana de significado.

> *É tarefa primordial da filosofia conduzir o homem para além da pura imediatidade e instaurar a dimensão crítica. Superada a postura ingênua diante da realidade, é então possível assumir responsavelmente a verdade como um todo. Pois, somente a perspectiva que abre o comportamento filosófico é capaz de antecipar os limites e as possibilidades das diversas áreas em que se move a interrogação pela verdade. É por isso que o destino do homem e da história depende da lucidez e distância crítica que são o apanágio da filosofia* (Stein, in Heidegger, 1969, p. 7).

Pois bem. Que contextos significativos, ligados à experiência vivida dos alunos, podemos utilizar para chamar a atenção deles para os temas e conceitos filosóficos?

Muitos, poderíamos responder. Mas, dentre esses muitos, precisamos saber escolher os que melhor despertam o interesse dos alunos. Para isso, não há receitas prontas. Cada professor deve ter sensibilidade suficiente para escolher os contextos que sejam realmente significativo. O importante é que, além de significativos para os alunos, tais contextos sejam propiciadores de chamadas de atenção para os temas e conceitos que devem ser trabalhados. Daí a expressão que utilizamos no Capítulo IV: "*contextos bem planejados*". Bem planejado é algo que é buscado para atender a objetivos claros e que tem possibilidades reais de cumprir essa tarefa. Bem planejado é algo, em um componente curricular, que soma na busca dos objetivos gerais do plano de curso e da proposta pedagógica de uma escola.

Assim, uma música pode ser um bom contexto significativo e bem planejado. Ou um filme ou uma passagem bem escolhida de um filme. Um acontecimento bem relatado. Um pequeno conto. Uma peça teatral.

Um pequeno texto, bem escolhido, de algum filósofo (é recomendável que se faça isso). E assim por diante.

Em vez de transcrever aqui músicas, poesias, contos, listagem de filmes, etc., estamos indicando, por agora, alguns livros didáticos e paradidáticos que já contêm essas indicações. É bibliografia que um professor de Filosofia precisa conhecer, analisar, julgar e aproveitar para o seu trabalho. Além disso, cada um deve construir o seu próprio acervo de recursos.

• Há uma coleção da FTD chamada *"Prazer em Conhecer"*. Trata-se de pequenos livros sobre vários filósofos escritos em estilo acessível. Não os estamos indicando para utilização no ensino fundamental. Mas, neles, ao final de cada capítulo, há diversas indicações de poesias, músicas, filmes, textos em quadrinhos, pequenos contos. É um bom acervo para escolha dos professores.

• Há uma série da Editora Moderna (São Paulo), que se chama: *"Está na minha mão! Viver valores"*. São contos que possibilitam situar temáticas éticas e, a partir daí, desenvolver reflexões nesse âmbito. Esses contos são contextos significativos. Eles são acompanhados de "sugestões de atividades" para os professores. Há também, um *Guia prático para o professor*, de autoria de Maria Lúcia de Arruda Aranha. Além de considerações sobre cada conto da série que podem auxiliar os professores, existem inúmeras indicações de filmes relativos aos temas dos contos. Para cada filme há um pequeno resumo.

• ARANHA, M. L.; MARTINS, M. H. *Filosofando*. São Paulo: Moderna, 2000. Neste livro, bem como no livro das mesmas autoras *Temas de Filosofia*, após cada capítulo há indicações de poesias, músicas, pequenos textos de filósofos, etc. Da mesma editora há outra série intitulada *Aprendendo a conviver*. São contos e indicações de atividades. Vale conferir.

• ASPIS, R. I. Ensinando a pensar com *"Idéias que contam histórias das idéias do Zé"*. São Paulo: Callis, 2001. A partir do contexto que a publicação da Editora Callis "Idéias que contam histórias das idéias do Zé", Renata Aspis indica diversas possibilidades de trabalhar temáticas filosóficas. Vale a pena conferir.

• CORDI, C. et al. *Para filosofar*. São Paulo: Scipione, 2000. Traz, como os demais, rica indicação de filmes, breves textos, reprodução de fotos e obras de arte. No final do livro há 16 páginas com reproduções de obras de arte que podem ser excelentes contextos significativos, capazes de desencadear boas reflexões sobre diversos temas filosóficos.

• COTRIM, G. *Fundamentos da Filosofia:* história e grandes temas. 15ª ed. São Paulo: Saraiva, 2000. Traz uma variada indicação de filmes, além de pequenos textos de vários pensadores, e outros recursos, como reprodução de quadros e de fotos instigantes.

• SEVERINO, A. J. *Filosofia da Educação*. São Paulo: FTD, 1992. Traz, também, indicações de músicas e poesias.

• SOUZA, S. M. R. de. *Um outro olhar*: Filosofia. São Paulo: FTD, 1995. Este livro traz também indicações de músicas, poesias, filmes, pequenos trechos de diversos pensadores. Todos podem servir como contextos significativos capazes de desencadear uma reflexão sobre temáticas filosóficas.

Bibliografia Geral

ABBAGNANO, Nicola. *Dicionário de filosofia*. São Paulo: Mestre Jou, 1970.

ARENDT, Hanna. *A vida do espírito*: o pensar, o querer, o julgar. 3.ed. Rio de Janeiro: Relume-Dumará, 1995.

BERNARDO, Gustavo. *Educação pelo argumento*. Rio de Janeiro: Rocco, 2000.

CHAUÍ, Marilena. *Convite à filosofia*. São Paulo: Ática, 1994.

_____. *Filosofia*. São Paulo: Ática, 2001.

COELHO, Ildeu Maria. Filosofia e educação. In: PEIXOTO, Adão José (Org.). *Filosofia, educação e cidadania*. Campinas: Alínea, 2001.

CUNHA, José Auri. *Filosofia*: iniciação à investigação filosófica. São Paulo: Atual, 1992.

DELVAL, Juan. *Aprender a aprender*. Campinas: Papirus, 1997.

DEWEY, John. *Democracia e educação*. 3. ed. São Paulo: Nacional, 1959.

FREIRE, Paulo. *Educação como prática da liberdade*. Rio de Janeiro: Paz e Terra, 1975.

_____. *Extensão ou comunicação*? 2. ed. Rio de Janeiro: Paz e Terra, 1975.

_____ ; FAUNDEZ, Antônio. *Por uma pedagogia da pergunta*. Rio de Janeiro: Paz e Terra, 1985.

GRANGER, Gilles-Gaston. *Por um conhecimento filosófico*. Campinas: Papirus, 1989.

JAPIASSU, Hilton. *Um desafio à filosofia*: pensar-se nos dias de hoje. São Paulo: Letras e Letras, 1997.

KANT, Immanuel. *Lógica*. Rio de Janeiro: Tempo Brasileiro, 1992.

LAGUEUX, Maurice. Por que ensinar a Filosofia? *Reflexão*. Campinas, n. 18, p. 12-29, set/dez. 1980.

LIPMAN, Matthew. *A filosofia vai à escola*. São Paulo: Summus, 1990.

_____. *O pensar na educação*. Petrópolis: Vozes, 1995.

_____. *Natasha*: diálogos vygotskianos. Porto Alegre: Artes Médicas, 1997.

_____ et al. *A filosofia na sala de aula*. São Paulo: Nova Alexandria, 1994.

MATOS, Olgária. *Filosofia a polifonia da razão*: filosofia e educação. São Paulo: Scipione, 1997.

MORIN, Edgar. *Os sete saberes necessários à educação do futuro*. São Paulo: Cortez, 2000.

PERELMAN, Chaïm; OLBRECHTS-TYTECA, Lucie. *Tratado da argumentação*: a nova retórica. São Paulo: Martins Fontes,1996.

REGO, Tereza Cristina. *Vygotsky*: uma perspectiva histórico-cultural da educação. Petrópolis: Vozes, 1995.

SAVATER, F. *Ética para meu filho*. São Paulo: Martins Fontes, 1999.

SAVIANI, Dermeval. *Educação:* do senso comum à consciência filosófica. São Paulo: Cortez, 1980.

SEVERINO, Antônio Joaquim. *Filosofia*. São Paulo: Cortez, 1992.

TISHMAN, Shari et al. *A cultura do pensamento na sala de aula*. Porto Alegre: Artes Médicas, 1999.

Marcos Antônio Lorieri

Nascido em Campanha, MG, em 1940. Licenciado em Filosofia pela USP, em 1969. Mestre e doutor em Filosofia da Educação pela PUC/SP. Membro do Centro Brasileiro de Filosofia para Crianças. Acima de tudo, Professor: de Filosofia, no Ensino Médio; de Filosofia da Educação e de Prática de Ensino de Filosofia, na PUC/SP, desde 1974. Trabalha com Filosofia para Crianças desde 1985. Tem alguns capítulos de livros e artigos publicados sobre o ensino de Filosofia, sobre Filosofia para crianças e sobre educação para o pensar.